# OS CRETINOS
## *não mandam*
# FLORES

Texto de acordo com a nova ortografia
Título original: *Los capullos no regalan flores*

*Tradução*: Marlova Aseff
*Capa*: Raquel Córcoles Moncusí
*Roteiro*: Raquel Córcoles
*Ilustrações do miolo*: Raquel Córcoles e Ester Córcoles
*Preparação*: Marianne Scholze
*Revisão*: L&PM Editores

CIP-Brasil. Catalogação na publicação
Sindicato Nacional dos Editores de Livros, RJ

M975c

La Moderna
    Os cretinos não mandam flores / La Moderna; tradução Marlova Aseff. – 1. ed. – Porto Alegre, RS: L&PM, 2015.
    160 p. : il. ; 23 cm.

    Tradução de: *Los capullos no regalan flores*
    ISBN 978.85.254.3236.0

    1. Humor. I. Título.

15-20286                          CDD: 867
                                     CDU: 82-7

© Raquel Córcoles Moncusí, 2013
© Random House Mondadori S.A., 2013

Todos os direitos desta edição reservados a L&PM Editores
Rua Comendador Coruja, 314, loja 9 – Floresta – 90.220-180
Porto Alegre – RS – Brasil / Fone: 51.3225.5777 – Fax: 51.3221.5380

PEDIDOS & DEPTO. COMERCIAL: vendas@lpm.com.br
FALE CONOSCO: info@lpm.com.br
www.lpm.com.br

Impresso no Brasil
Outono de 2015

LA MODERNA

# OS CRETINOS
## *não mandam*
# FLORES

Tradução de Marlova Aseff

**L&PM** EDITORES

FOI O PRIMEIRO DE UMA LONGA LISTA DE

# CRETINOS

se os olhos não veem, ponho chifres em você.

## Nº 1 CRETINO CLÁSSICO

É ESTE TIPO DE CARA QUE FAZ COM QUE VOCÊ SE PERGUNTE VÁRIAS VEZES: COMO PUDE FICAR COM ELE? COMO NÃO PERCEBI? MENTIROSO, INFIEL, TRAIDOR... "CRETINO" É POUCO. QUANDO VOCÊ DESCOBRIU O BOLO, COMEU DEZ PARA SUPERAR TUDO ISSO E OPTOU POR UMA SOLUÇÃO RADICAL: ELIMINÁ-LO DO FACEBOOK E DA SUA VIDA.

COM ELE APRENDI QUE OS CRETINOS COSTUMAM FAZER FLOREIOS, MAS NUNCA MANDAM FLORES DE PRESENTE...

# 1. *Sem marcar com* ANTECEDÊNCIA

### sair para beber e ganhar o troféu

SE EU REALMENTE QUERIA COMEÇAR UMA NOVA VIDA NA CIDADE GRANDE, TALVEZ ISSO TENHA SIDO O MELHOR QUE PODERIA TER ACONTECIDO COMIGO. ENTÃO ME PROIBI DE FAZER DRAMA E ME CONVENCI DE QUE NO MEIO DE TANTA GENTE EU NÃO DEMORARIA A ENCONTRAR ALGUÉM MELHOR.
APENAS TINHA QUE...

# Sair à procura

É QUE QUANDO VOCÊ NÃO SAI COM NINGUÉM, SAI MUITO...
(TANTO QUE ACHO IMPOSSÍVEL QUE O SEGURANÇA NÃO NOS RECONHEÇA)

— SOMOS AMIGAS DO MAX. PODEMOS ENTRAR?
— ENTREM.
— E QUANTO A NÓS? ESTAMOS HÁ MEIA HORA AQUI!
— O TRUQUE É MOSTRAR TOTAL INDIFERENÇA...

E AO ENTRAR, FIZEMOS A 1ª PIT-VOLTA DA NOITE...

— EU ME APAIXONEI...
— AQUI ESTÁ BOM, NÉ?
— AHÃ...

→ dar voltas até encontrar o melhor m² do lugar.

Que as nossas paqueras sejam do mesmo grupo de amigos, só acontece uma vez em mil noites. Em geral, os amigos do rapaz que a sua amiga gosta serão ogros que você terá que entreter por toda a noite.

MAS NÃO PERCEBI ATÉ A MANHÃ SEGUINTE...

FOI ENTÃO QUE ME SENTI MUITO "INTERIORANA"...

## Nº 2 CRETINO FUGITIVO

*falar serve para esconder o que você pensa.*

SABE-SE POUCO DESTE TIPO DE CRETINO PORQUE ELES DESAPARECEM BEM RÁPIDO. É MUITO ENCANTADOR, MAS "DE SERPENTES". VAI FALAR DE AMOR VERDADEIRO, MAS VAI LHE DAR UM NÚMERO FALSO. O SEU LEMA É "CARPE DIEM E SAIA CORRENDO". SÓ AS MAIS EXPERIENTES PERCEBEM QUE ELE É UM FANTASMA ANTES DE ACABAR DEBAIXO DOS SEUS LENÇÓIS...

QUANDO COMECEI OS MEUS PRIMEIROS ESTÁGIOS NA CIDADE GRANDE, NÃO SABIA QUE TAMBÉM SERIA A MINHA ESTREIA NAS

## RELAÇÕES MODERNAS

— VOCÊ É A NOVATA, NÃO É? PERGUNTE TUDO O QUE NÃO SOUBER, POIS EU SEI COMO TUDO FUNCIONA... BEM-VINDA!

— OBRIGADA!

foi uma flechada instantânea, mas também não lhe dei muita importância; desse tipo eu tinha todos os dias no metrô...

não é culpa minha que todas vocês sejam tão gatas.

## Nº 3 CRETINO CRETINO

CUIDA COM PRECISÃO DO COMPRIMENTO IDEAL DA SUA BARBA "DESCUIDADA", TEM MUITAS "AMIGUINHAS" MAS O QUE VALORIZA DE VERDADE É OS SEUS AMIGOS. TEM FACILIDADE PARA FAZÊ-LA RIR, MAS NO FINAL FAZ COM QUE PERCA O SENSO DE HUMOR. A SUA DESCULPA É QUE "GOSTA DEMAIS DAS MULHERES" PARA FICAR COM APENAS UMA. É UM CARA MUITO SINCERO: ENGANA VOCÊ COM TODAS, MAS LHE CONTA. QUEM AVISA NÃO É TRAIDOR. É SIMPLESMENTE UM CRETINO.

POR ISSO FUI MUITO TRANQUILA AO NOSSO SEGUNDO ENCONTRO
(mas não tanto como ele)

NÃO ESPERE NADA DE BOM DE
UM CARA QUE FAZ VOCÊ ESPERAR...

## o melhor é ter uma
# Relação aberta

Gosto muito de você, mas não vou me apaixonar. Neste momento, não penso em ter namorada. A maioria dos casais não é feliz... Eu não sou contra o amor, e muito menos fazer amor... Não gostaria de ficar com outra e ter de esconder de você. Quero aproveitar a minha independência. A monogamia é antinatural, ainda mais numa cidade onde há milhares de pessoas interessantes para conhecer. Você me entende?

Entendo perfeitamente.

pessoas = mulhere
interessantes = boni
para conhecer = para transar

# 3. mulheres MODERNAS
## num mundo de usar e jogar fora

## NÃO ACREDITAR EM
# AMOR
▶ para toda a vida ◀

POIS UMA AMIGA DE UMA AMIGA CONHECEU UM GAROTO NA FILA DO SUPERMERCADO E ELES ESTÃO JUNTOS E FELIZES HÁ 20 ANOS!

SIM, EU CONHEÇO.

CONHECE A GAROTA?

A LENDA URBANA.

ACHO QUE AS MINHAS AMIGAS E EU TEMOS TODOS OS REQUISITOS PARA SER FELIZ:

* Ter saído da casa dos pais (e não porque tenha se casado...).
* Não desejar que alguém sustente você.
* Usar minimicroshorts sem complexo.

* E MUITO MENOS EM
# CONTOS
*de fadas...*

POR QUE PRECISAMOS DE UMA FADA MADRINHA QUE NOS TRANSFORME ATÉ A MEIA-NOITE QUANDO TEMOS MAQUIAGEM 24 HORAS?

SER FALSA NA FRENTE DE MULHERES DE OUTRA GERAÇÃO...

ESTE É O TERCEIRO... VAI VER COMO LOGO O SEU RELÓGIO BIOLÓGICO VAI DESPERTAR!

SIM, ACHO QUE JÁ ESTOU OUVINDO O TIQUE-TAQUE...

tique-taque, tique-taque...

A sua liberdade explodirá pelos ares em 3, 2, 1...

para mim, o relógio biológico era uma ameaça constante. Tomara que nunca se ative

E SER SINCERA NA FRENTE DE GINECOLOGISTAS DE OUTRA GERAÇÃO...

FAZ SEXO REGULAR?

REGULAR NÃO. PÉSSIMO

A INTERNET HAVIA DEMOCRATIZADO TUDO. O PORNÔ JÁ NÃO ERA VISTO SOMENTE POR ELES.

"PREFIRO OS VÍDEOS REAIS, COM OS QUAIS EU ME IDENTIFICO MAIS."

"OS AMADORES?"

AINDA QUE NENHUMA DE NÓS PENSASSE EM CASAR, TODAS TÍNHAMOS UMA CAMA DE CASAL...

"NÃO. OS DE "DRUNK GIRLS IN A PARTY"."

"UMA CAMA TÃO GRANDE E VOCÊS NÃO TÊM NENHUM HOMEM PARA AJUDÁ-LAS?"

"EU TAMBÉM NÃO ENTENDO ISSO..."

39

E AINDA QUE EM ALGUMAS NOITES PASSÁSSEMOS FRIO...

SÓ QUERO UM NAMORADO PARA PASSAR O INVERNO...

EU ME CONFORMARIA COM CALEFAÇÃO CENTRAL...

NÃO PRECISÁVAMOS DE HOMEM NENHUM PARA SOBREVIVER.

CONSEGUIMOS!

the program has been installed correctly ✓

DIZ PRA ELE QUE TAMBÉM OFERECEMOS DUAS POR UMA!

BEM, SOMENTE UM:

BOM PROVEITO.

HE, HE. NÃO DÊ BOLA. MUITO OBRIGADA.

PIZZA

em resumo: estávamos tão equilibradas como a nossa dieta...

# Então eu pensei...

"SE VOU BANCAR A MULHER MODERNA EM QUASE TODOS OS ASPECTOS DA MINHA VIDA... POR QUE NÃO POSSO SER MODERNA NAS MINHAS RELAÇÕES?"

ENTÃO VOCÊ NÃO ACHA RUIM QUE A GENTE TENHA ROLOS COM OUTRAS PESSOAS?

QUE NADA! SOU SUPERENROLADA!

a partir de então eu me esforcei para me transformar numa her com uma mente tão aberta como o meu relacionamento...

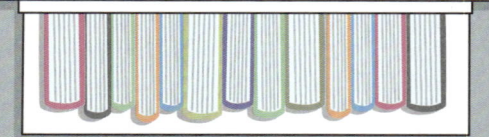

TIREI DE LETRA. ATÉ QUE PASSEI DA TEORIA À PRÁTICA:

ENTÃO, NESTE FIM DE SEMANA FIQUEI COM UMA MENINA QUE EU ESTAVA DE OLHO HÁ ALGUNS MESES. VOCÊ NÃO SE IMPORTA QUE EU FALE DISSO, NÃO É?

PELO CONTRÁRIO, ADORO QUE ME CONTE AINDA MAIS NESTE MOMENTO.

Ele merecia viver depois de me perguntar isso? NÃO.
Merecia me ver de novo? Definitivamente, NÃO.
Matei-o ou evitei o encontro seguinte? NÃO.

em momentos como esse, queria ser um louva-a-deus...

**EU ME ESFORÇAVA PARA NÃO SER CHATA...**

**E PARA NÃO ME METER NA VIDA DELE...**

— DE ONDE CÊ VEM TÃO ARREGADA?

— DORMI NA CASA DELE. SE DEIXAR ALGO LÁ, ELE INFARTA.

— TENHO QUE IR, GRACINHA. TELEFONO NA SEMANA QUE VEM, OK?

— CLARO, BOA VIAGEM!

— e não pensa em me dizer com quem, nem onde, nem por quê?!

Quando um cara quer espaço, nem pense em ocupar uma gaveta...

**E NÃO SE METIA NA MINHA VIDA, NEM TINHA INTERESSE ALGUM EM FAZER ISSO...**

— Por que acham que ele não quer conhecer vocês?

SEMPRE QUE TIVE UM *cretino* POR PERTO, ELE SEMPRE TEVE UM COMPORTAMENTO ESTRANHO COM AS MINHAS AMIGAS:

ou as tratou como se estivesse tentando ganhar espaço ou as ignorou a ponto de nem cumprimentá-las. Acho que não sabem reagir quando estão num círculo mais crítico porque sabem que serão identificados imediatamente.

43

E MESMO QUE MUITAS VEZES ME LIGASSE PARA M[E] *deixar* PENDURAD[A]

"AH, VOCÊ NÃO LEMBRAVA QUE HOJE TINHA MARCADO COM OUTRA "AMIGA"?"

"NÃOOO, NÃO FAZ MAL! HOJE TAMBÉM NÃO ERA BOM PARA MIM... EU JÁ IA AVISAR VOCÊ!"

EU SEGUIA *ligada* NELE...

POR ISSO, CADA VEZ QUE ME CHAMAVA, EU IA SEM HESITAR

OI, ME DÊ UM DESSES!

NÃO PRECISA... NEM GOSTO DE FLORES...

MESMO QUE A ILUSÃO SEMPRE ACABASSE EM DECEPÇÃO...

OLHA OS ÓCULOS QUE COMPREI. SÃO IRADOS!

DEFINITIVAMENTE, ESSE CARA É UM CRETINO...

EU NÃO CONSEGUIA MAIS REPRIMIR O QUE SENTIA...

EU ENTENDO. MAS NÃO SE PODE DIZER "AMO VOCÊ" PARA UM FICANTE...

O PROBLEMA É QUE MORRO DE VONTADE DE DIZER "ODEIO VOCÊ"

...ME SENTIA COMO UMA MULHER DESCARTÁVEL. QUANDO NÃO FUNCIONASSE COMO ERA ESPERADO, ME TROCARIAM POR UMA NOVA E PRONTO...

TENHO BOAS NOTÍCIAS! OUVI O CHEFE DIZER QUE VAI RENOVAR COM VOCÊ POR MAIS TRÊS MESES. SEM SALÁRIO, CLARO... MAS JÁ É ALGUMA COISA, NÃO?

NÃO IMPORTA... NÃO ESTOU INTERESSADA. NÃO ACHO QUE VÁ APRENDER MUITO MAIS AQUI. QUERO VER QUE OUTRAS OPÇÕES O MERCADO ME OFERECE...

Por que eu tinha de seguir aceitando essas condições que me beneficiavam tão pouco? Se eu acreditava que podia encontrar coisa melhor em cada esquina, por que me conformar? Por acaso nem eu mesma acreditava que tivesse alguém que me valorizasse mais?

LARGUEI!!!

O TRABALHO OU O CRETINO?

OS DOIS!

ÀS VEZES, ESTAMOS TÃO NERVOSAS E IMPACIENTES PARA CONSEGUIR ALGUMA COISA, SEJA O QUE FOR, QUE NÃO NOS VALORIZAMOS.

# 4. "Deses PARADA"

procura-se amor e trabalho:

QUE VOCÊ FAZ QUANDO TEM MUITO TEMPO E POUCO DINHEIRO?

## VAI A TODOS OS EVENTOS COM BEBIDA GRÁTIS

"E AQUELE, VOCÊ ACHA INTERESSANTE?"

"EU O CONHEÇO! BOM... DO FACEBOOK, MAS POSSO APRESENTAR VOCÊS."

nesse dia acabamos numa exposição de arte moderna e nós, como os galeristas, iríamos "ficar de olho".

## Nº 4 CRETINO *COOL*TURETE

tem gente tão pedante...

SE VOCÊ SEGUI-LO NO TWITTER, SABERÁ O QUE ESTÁ FAZENDO EM CADA MOMENTO: "TARDE DE RELAX PERFEITA: LIVRO DE PHILIP ROTH, TACINHA DE VINHO E NINA SIMONE TOCANDO...". FAZ FOTINHOS COM A SUA CÂMERA LOMOGRÁFICA. COLECIONA VINIS PARA OUVIR NO SEU TOCA-DISCOS E USA ROUPAS DE BRECHÓ. MESMO QUE BAIXE A MAIORIA DOS FILMES NA INTERNET, COMPRA OS DVDs PORQUE AMA COMO ELES FICAM NÁ ESTANTE VINTAGE QUE ELE RESTAUROU.

DEPOIS DE FALAR UM POUCO COM ELE, PERCEBI QUE ERA UM
# COOLTURETE

HOJE EM DIA, EM QUALQUER EXPOSIÇÃO DE ARTE, SÓ SE ENCONTRA COISAS
## MEDÍOCRES

> existem modernos que, mesmo que pareça contraditório, desprezam tudo o que é moderno, ainda que no caso desta escooltura eu concordasse inteiramente...

ONDE ESTÁ O CUBISMO DE PICASSO E BRAQUE OU O IMPRESSIONISMO DE MONET OU DEGAS?

> o que de fato perdurou no tempo foi o "estilo de paquera impressionista": impressionar as mulheres com a sua sabedoria...

O MAIS TRISTE É QUE FUNCIONOU COMIGO E, QUANDO RECEBI A SUA SOLICITAÇÃO DE "AMIZADE", FUI À LUTA...

NHA QUE FAZER ALGUMAS MUDANÇAS PARA MELHORAR MEU ALTER EGO VIRTUAL
(e meu ego em geral...)

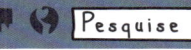

| Pesquise | Início  Perfil  Conta ▽ |

**La Moderna** alterou a foto do perfil

Curtir • Comentar • Compartilhar • Há alguns segundos

👍 51 pessoas curtiram isso.

**Lindaaa!** — é o comentário mais típico (mas inteiramente necessário para reforçar a sua autoestima).

**Divina!**

**Dá para notar os genes...** — a família nunca falha... (o comentário emotivo da minha mãe eu apaguei...).

**Que vadiazinha!** — o "elogio-insulto" é como o casaco de oncinha: é usado tanto pelas modernas como pelas cachorras.

**♥ Sou apaixonado...** — o seu amigo gay se fazendo de hétero, um clássico.

**Adorei a jaqueta. De onde é?** — a blogueira de moda, à maneira dela, aprovando o seu look.

**A cidade grande está lhe fazendo bem!** — típico comentário de alguém do interior.

**Eu achava que os anjos não existiam...** — o saidinho que passa as tardes comentando as fotos das suas eternamente amigas.

**Vamos nos ver à tarde? Até as sete, então?** — nãooo...Aqui não é o lugar...Existe o mural, as mensagens, o whatsapp...

Escreva um comentário — não é necessário responder, o importante é que você retribua comentando as fotos dos perfis deles...

53

**DEPOIS DE ME DESMARCAR DE UMAS FOTOS E DE SAIR DE UNS GRUPOS, ACEITEI O SEU PEDIDO:**

**La Moderna** e **Cretino Coolturete** agora são amigos

**COMECEI A INVESTIGAR O PERFIL DELE DE CABO A RABO...**

(começando pelo mais importante...)

Nascimento: 1985
Estudou História da Arte
Idiomas: Espanhol, inglês, francês e chinês.
Status de relacionamento: Solteiro

*Está solteiro!*

**ACRESCENTEI ALGUNS GRUPOS DOS SEUS AOS MEUS INTERESSES**

**La Moderna** curtiu **The Troggs**

THE TROGGS
The Troggs
Música
Grupo musical

Há 4 minutos

*Vou ter de escutar, não? he, he, he*

**COM O AZAR DE QUE O MEU SPOTIFY ME DELATOU...**

**La Moderna** escutou **Rihanna**

▶ We found Love
▶ Man Down

LOUD

*Ah, não, espero que ele não tenha visto...*

**La Moderna**

Oi, tem um bar que gosto muito aí perto de onde você mora. Eu estava pensando em ir lá esta semana e se você quiser podemos beber alguma coisa.

● Chat

**APESAR DE TUDO CONSEGUI O MEU OBJETIVO**

*TENHO UM encontro!*

54

EU SABIA QUE SE QUISESSE CONQUISTAR UM "COOLTURETE", TINHA QUE DEIXAR A MINHA CABEÇA TININDO...
VOCÊ QUER UMA REVISTA ENQUANTO AS MECHAS SE REVELAM?
NÃO, OBRIGADA, TENHO DE ESTUDAR...
ART NOW
Campbell's
TOMATO
SOUP
TASCHEN

ELE TAMBÉM PREPAROU TUDO...

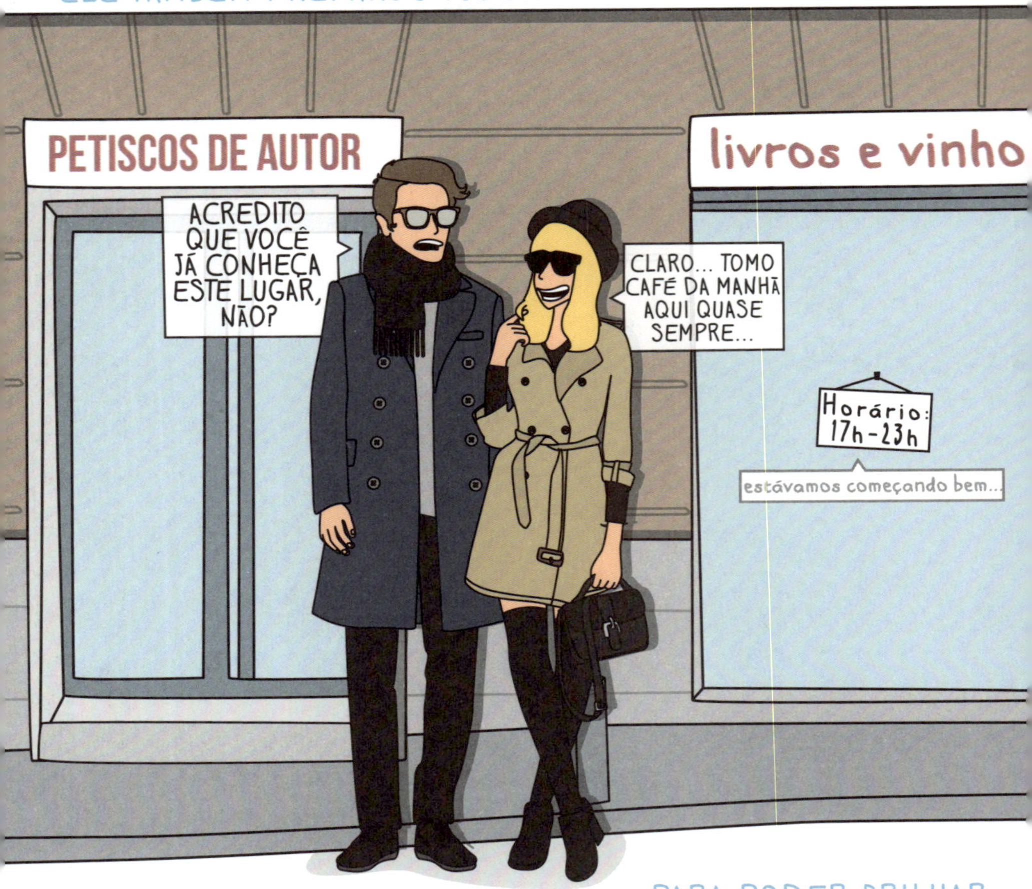


...PARA PODER BRILHAR

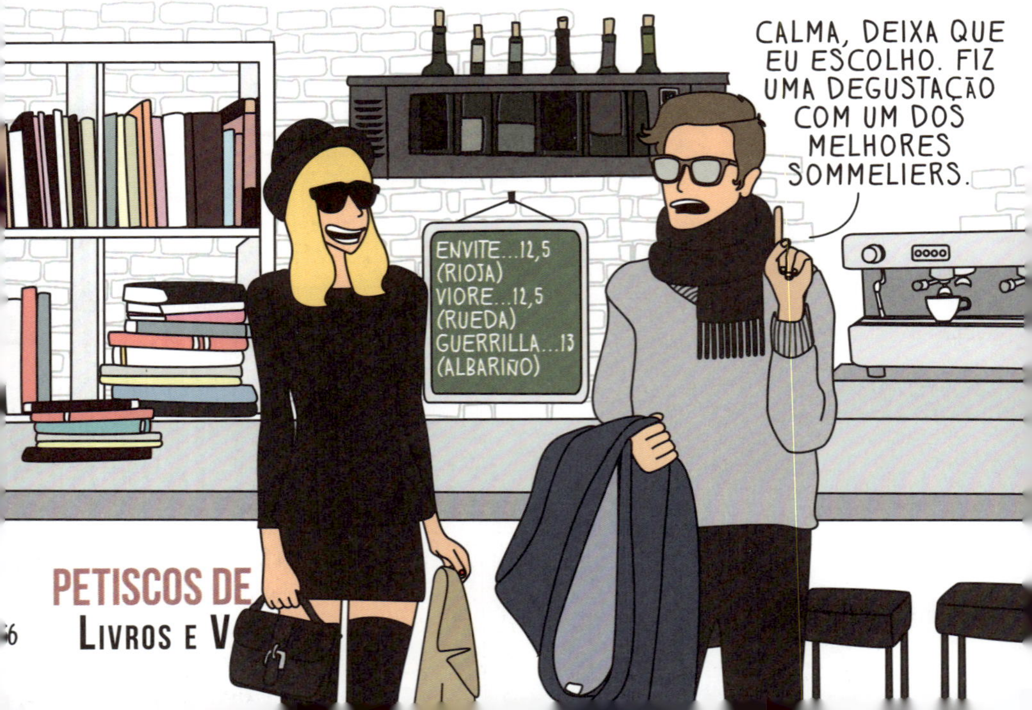

## NO RESTOBAR HAVIA MUITOS TIPOS DE COOLTURETES

**VERDADE É QUE [TU]DO O QUE PASSA NA [T]V É UMA MERDA...**

ENVITE... 12,5 (RIOJA)
VIORE... 12,5 (RUEDA)
GUERRILLA 13 (ALBARIÑO)

**ESCOLHI ESTE VINHO PORQUE É MUITO FLORAL, COM NOTAS FRUTADAS... VOCÊ NÃO NOTA?**

**SIM, NOTA-SE MUITO A... UVA.**

**NÃO VAI ME DIZER QUE VOCÊ TEM TV...**

### OS WIKIPÉDIA
Nossas avós os chamariam de "sabichões". Se interessam por tudo, menos pela sua opinião.

### OS ANTITELEVISÃO
[S]e você insistir muito, eles confessarão que alguma vez assistiram, [apena]s só porque passavam pela seção de eletrônicos ao ir comprar o [n]ovo tablet (onde assistem a toda a porcaria da TV, mas on-line).

**E PENSAR QUE TEM GENTE QUE SAI DO CINEMA POR ACHAR PESADO! NÃO VEEM QUE É UMA OBRA-PRIMA?**

### OS ADJETIVISTAS
aproveitam mais vendo um filme ruim do que um bom, pois depois podem criticar. Adoram os filmes que podem descrever como "oníricos", "introspectivos" ou "onanistas" e que para você são "extravagantes", "um saco" ou "uma paranoia total"...

**GRIMES ESTÁ EM TODOS OS LUGARES. VIROU TÃO MAINSTREAM...**

**CONCORDO TOTALMENTE...**

### OS ESPECIAIS
"[M]ainstream" é como esse tipo de coolturete chama "a massa", as pessoas normais. [Ele]s não se incluem nesse grupo, já que se consideram pessoas muito "especiais"... Se [você] pode entender, é mainstream, e se ainda por cima você gosta, é supermainstream.

## E QUANDO PENSEI QUE ÍAMOS DIZER BOBAGENS, ELE INVENTOU DE SE FAZER DE INTELIGENTE...

### COMEÇOU A ME DOUTRINAR...

— COMO PODE HAVER ALGUÉM NESTE PAÍS QUE ACHE O PAUL DANO UM BOM ATOR?

— EU TAMBÉM NÃO ENTENDO...

*eu não fazia ideia de quem era Dano, mas é certo que ele ou qualquer ator aplaudiria a minha interpretação...*

### A ME CORRIGIR...

— EU DIGO: É PEDIR MUITO QUE ESCREVAM "QUE DEMAIS" NO LUGAR DE "Q D+"? NÃO FALO POR VOCÊ, MAS SE SEGUIRMOS ASSIM, DAQUI A POUCO VAMOS ABRIR O DICIONÁRIO E SÓ HAVERÁ EMOTICONS...

*glub*

NS/N

### E A ME RIDICULARIZAR EM PÚBLICO...

— BEM, EU TENHO A TEORIA QUE O AMOR NÃO SE MEDE COM PALAVRAS, MAS COM EMOTICONS FOFOS...
— HA, HA, HA, QUE GRACINHA... POSSO TWITTAR ISSO?

#citaçõesbizarras

??

### E MESMO QUE TENHA TENTADO IMPRESSIONAR COM O QUE TINHA ESTUDADO...

— ADORO A LATA DE SOPA DE WARHOL. É TÃO SIMPLES, MAS EFETIVA QUANTO À MENSAGEM
— ACHO O WARHOL UMA FRAUDE.

X

*CADA VEZ QUE FALAVA, ME SENTIA MAIS LIMITADA DO QUE A MINHA SAI*

SENTIA QUE ESTAVA NUM EXAME...

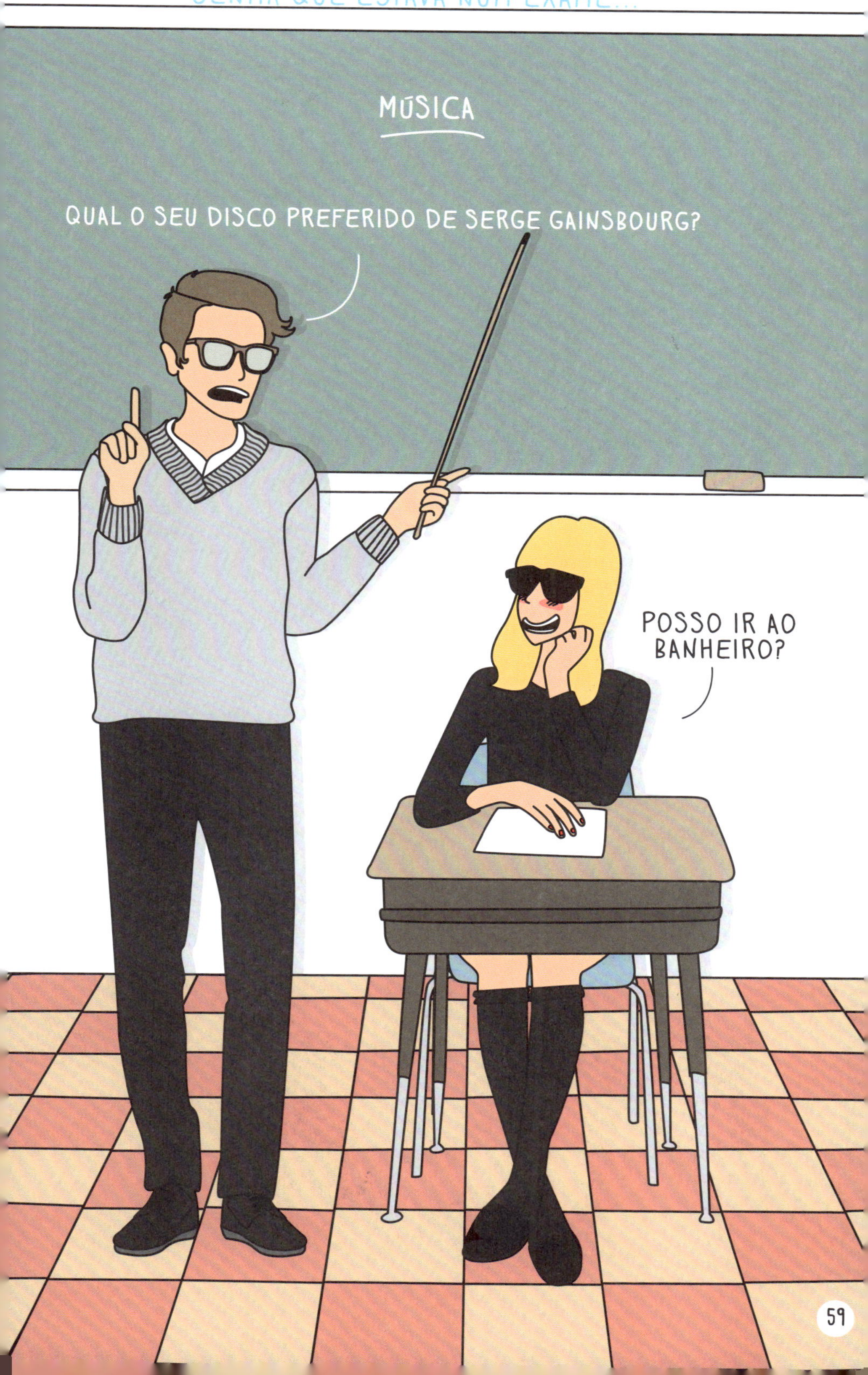

MERDA. NÃO TEM WI-FI!
ANTES DE PASSAR RIDÍCULO, PREFERI TRAPACEAR...
Google
gainsbourg discografia
erro de conexão
E QUANDO PENSEI QUE O ENCONTRO TINHA FRACASSADO, LEMBREI O MEU HERÓI DA CIDADE...
O SUPERFNAC!
O IMPORTANTE NÃO É SER MUITO CULTO, MAS PARECER.
fnac
COMO EU, QUE VISTO O COLETE E JÁ PAREÇO.
ENTÃO, QUAL DISCO DO GAINSBOURG VOCÊ PREFERE?
NÃO PODE
ESCOLHE
APENAS U
ADORO
MÚSICA DE
É TÃO ONÍR
E INTROS
PECTIVA.
para que não percebam que você não tem nem ideia, una-se aos pedantes...

E POR UM INSTANTE EU PENSEI QUE, SE ELE GOSTAVA TANTO DO GAINSBOURG, HAVIA A ESPERANÇA DE QUE POR TRÁS DESTE TIPO INTELECTUAL AMARGURADO SE ESCONDESSE UM AMANTE APAIXONADO...

*Je t'aime* MOI NON PLUS...

(afinal de contas, no perfil do Facebook dizia que ele falava francês...)

MAS NÃO. PARECIA QUE A ÚNICA COISA QUE ELE NÃO IRIA EXAMINAR ERA A LÍNGUA...

**PETISCOS DE AUTOR**

livros e

BOM, LOGO A GENTE SE ESCREVE. MAS LEMBRE: "Q" NUNCA SUBSTITUI "QUE"! HE, HE, HE. CALMA, É BRINCADEIRA...

HE, HE, HE.

"Q ENGRAÇA[DO]

A CAMINHO DE CASA, SÓ PENSAVA EM VER O FILME MENOS CABEÇA QUE EXISTISSE.... (DEPOIS DE CONTAR TUDO AOS MEUS AMIGOS, CLARO...)

Chego em 15min, não vão dormir!

Como foi o encontro?

😱

Aff...

Ok, vamos esperar...

NÃO IMPORTAVA, NÃO PARARIA DE PROCURAR ATÉ TER UM ENCONTRO QUE MERECESSE O EMOTICON MAIS FOFO... 😍

NÃO VOLTAMOS A NOS VER, MAS APROVEITEI A LIÇÃO. PORQUE DE CADA PESSOA QUE VOCÊ CONHECE SE APRENDE ALGUMA COISA.

SÉRIO QUE VOCÊS NÃO SABEM O QUE É UM RESTOBAR? POR FAVOR...

# 5. Os CRETINOS não amadurecem
## passam de crianças a velhos imaturos

SE EU QUERIA DEIXAR DE SER UMA "DESESPARADA", TINHA QUE ESQUECER AS FESTINHAS E COMEÇAR A TRABALHAR. Então me tranquei alguns meses no meu quarto.

"O QUE VOCÊ QUER AGORA? TRAGO OUTRA TRISTE PIZZA CONGELADA? COMPRO MAIS REDBULL? NÃO ACHA QUE ESTÁ NA HORA DE TOMAR UM BANHO E DE LAVAR ROUPAS?"

"ACABEI MEU PORTFÓLIO!"

se você mudar para longe da sua cidadezinha, vá morar com boas amigas, pois elas serão a sua mãe na cidade grande...

QUERIA DAR UMA BOA IMPRESSÃO E MOSTRAR SEGURANÇA SENDO EU MESMA.
AFINAL, UMA ENTREVISTA DE TRABALHO SE PARECE BASTANTE COM UM
ENCONTRO... E EU HAVIA ME PREPARADO MUITO PARA ESTE:

## Portfólio Night

Era organizada uma noite por ano nas principais cidades do mundo e esta era a melhor oportunidade para os recém-formados em publicidade mostrarem os seus esboços para os criativos mais premiados.

E o refrigerante não era nem Coca-Cola, nem Pepsi... Você acredita nisso?

Aff, essa gente que compra marca branca me deixa bege.

Agora é a sua vez. Selecionamos para você mesas 4, 7 e 10. Boa sort[e]

EU TINHA 10 MINUTOS EM CADA UM DOS MEUS ENCONTROS ÀS CEGAS PARA CONSEGUIR QUE SE INTERESSASSEM PELO MEU TRABALHO...

NÃO SEI... NÃO ACHO QUE ESTEJA TOTALMENTE RUIM. MAS É MUITO FEMININO, NÃO É? PARA O MEU GOSTO, PERCEBE-SE MUITO QUE FOI FEITO POR UMA MULHER...

ADORO! ESTÁ ENTRE OS MELHORES QUE VI HOJE, DE VERDADE... O RUIM É QUE AGORA NÃO ESTAMOS PRECISANDO DE NINGUÉM... MAS AVISO QUANDO HOUVER UMA VAGA...

É INTERESSANTE... GOSTO DE SEU ESTILO. EU ENTRO EM CONTA[TO] ESTA SEMANA E VEM[OS] COM MAIS CALMA, O[K]

### 4 — O DA VELHA ESCOLA
acredita que fazer anúncios é coisa de homem e que as mulheres só servem para protagonizá-los... (isso se pesarem menos de 35 quilos e passarem de 1.80).

### 7 — O BOM ENROLADOR
lembra de quando começou com cada aspirante que entrevista e não quer desanimar ninguém, por isso você nunca saberá se ele foi sincero...

### 10 — O VENCEDOR
todo mundo quer trabalhar com ele: é bonito, esperto, segu[ro] de si, tem sucesso... acha que é o James Bo[nd] da publicidade.

Não é estranho que tenha conversado com três homens. Entre 40 criativos selecionados, só havia duas mulheres (e isso que na profissão as meninas são em maior número).

*EU FIQUEI UM POUCO DESCONCERTADA QUE ELE FOSSE TÃO ATRAENTE, MAS O ADMIRAVA AINDA MAIS DEVIDO AOS SEUS TRABALHOS...*

## Nº 5 CRETINO FANFARRÃO

> não irás dormir sem ter seduzido mais uma mulher...

"NÃO TENHO TEMPO PARA UM RELACIONAMENTO" É A CITAÇÃO QUE ELE FARÁ NO PRIMEIRO ENCONTRO. ESTÁ NO MELHOR MOMENTO PROFISSIONAL, E O SEU EGO PODE SER APRECIADO NA ESTANTE CHEIA DE PRÊMIOS, FOTOS E ARTIGOS DE RECONHECIMENTO PELA SUA TRAJETÓRIA. É AMBICIOSO E COMPETITIVO EM TODOS OS ASPECTOS DA SUA VIDA E CONSEGUE TUDO A QUE SE PROPÕE. CONSIDERA VOCÊ UMA SORTUDA SE PASSAR UMA NOITE COM ELE E, SE VOCÊ ESTIVER ENTRE AS SUAS METAS, É PROVÁVEL QUE LHE META.

*PARA MIM, ELE ERA O DEUS DA PUBLICIDADE E, DESDE QUE COMECEI MINHA CARREIRA, SONHAVA EM TRABALHAR COM ELE...*

> IMAGINE QUE ELE VAI ENTREVISTÁ-LA NO ESCRITÓRIO E ACABA SODOMIZANDO VOCÊ SOBRE A MESA?!

> ACHO QUE LER "50 TONS DE CINZA" ESTÁ AFETANDO MUITO VOCÊ...

ASSIM COMO ACONTECIA NOS ENCONTROS, ME RESTAVA O DE SEMPRE:

# ESPERAR

antes esperávamos olhando pela janela

e agora esperamos olhando o monitor

E SE O CARTEIRO SE PERDEU?

E SE A CONEXÃO FOI PERDIDA?

E RESIGNAR-SE DIANTE DA CAIXA DE CORRESPONDÊNCIA VAZIA...

HAVIA PASSADO UMA SEMANA E COMEÇAVA A FICAR EVIDENTE QUE EU NÃO TINHA PASSADO NO PROCESSO DE SELEÇÃO...

ELE DEVE ESTAR MUITO OCUPADO COM O TRABALHO. CERTAMENTE ESTÁ ESPERANDO TER UMA FOLGA...

POR QUE TENHO QUE ESPERAR QUE ME ESCREVA? NEM QUE FOSSE UM ENCONTRO!

não são os caras que nos dão as falsas esperanças, mas as nossas melhores amigas...

ENTÃO DECIDI LHE ESCREVER...

**Gmail**

**ESCREVER**

Entrada
Importante
Enviados
Rascunhos

Portfólio Night

**La Moderna**

Bom dia, não sei se lembra de mim. Apresentei o meu portfólio, e você comentou que blá, blá, blá [...] texto supereducado [...]. Um abraço.

E ME RESPONDEU NA MESMA HORA

**Cretino Fanfarrão**
Para mim

Oi! Como não me lembraria de você? Esta noite tem uma festa de agências com o tema Mad Men. Vem comigo e apresento você a alguns colegas. Um beijão.

O QUE ELE DISSE?

VOCÊ VAI TER QUE ME AJUDAR A DECIFRAR ALGUMAS FRASES...

BEM-VINDOS AO AUTÊNTICO COME-COME

- Ele se impressionou com o meu trabalho? Está tentando ser amável? Ou é uma cantada sutil?
- Como se fosse seu par? Ou que vá como sua convidada?
- Está ficando muito íntimo? Ou será que sempre se despede assim?
- Que roupa eu coloco? Levo o computador com os meus trabalhos? Ou a máquina de escrever?

FICOU COMIGO DESDE QUE CHEGUEI À FESTA...

VOCÊ DEVE ESTAR MUITO FELIZ COM O SEU ÚLTIMO PRÊMIO, NÃO?

QUANDO VOCÊ GANHA O PRIMEIRO, SE ILUDE. MA[S] NA VERDADE, QUANDO GA[NHA] TANTOS, DÁ POUCO VALOR.

NÃO PODIA ACREDITAR QUE ALGUÉM COMO ELE ME DESSE TANTA ATENÇÃO

MESMO QUE MAIS TARDE TENHA ME DEIXADO COM UMAS MENINAS PARA SOCIALIZAR UM POUCO...

DE ONDE O CONHECEM? SÃO AMIGAS DELE? COLEGAS DE TRABALHO?

SIM... DIGAMOS QUE SOMOS "COLEGAS" DELE...

É UM GRANDE PUBLICITÁRIO. O MELHOR PARA VENDER MOTOS...

TRABALHA MUITO ATÉ CONSEGUIR O QUE QUER...

É TÃO PERFEITO QUE PODE TUDO...

COMECEI A SUSPEITAR QUE AS MULHERES QUE ME RODEAVAM LHE INTERESSAVAM MAIS COMO PARCEIRAS NA CAMA DO QUE NO TRABALHO.

*então decidi ir embora.*

JÁ VAI? NÃO QUER BEBER MAIS UMA?

NÃO... É TARDE E AMANHÃ TENHO MUITAS COISAS PRA FAZER...

NÃO × 1

TEMIA BEBER MAIS UMA E ACABAR SENDO UMA A MAIS.

73

MAS AO QUE TUDO INDICAVA, O EGO DELE PRECISAVA URGENTEMENTE COLOCAR OUTRO PRÊMIO NA ESTANTE...

— POSSO ACOMPANHÁ-LA ATÉ EM CASA?
— NÃO, OBRIGADA.

NÃO x 2

parecia que havia acreditado demais no papel de galã dos anos 50...

— QUER DIZER QUE VOCÊ GOSTA DE BANCAR A DIFÍCIL?
— NÃO. NA VERDADE NÃO É PRECISO.

NÃO x 3

típica frase de cara de pau...

— POIS EU NÃO ACEITO UM NÃO COMO RESPOSTA. VOU ACOMPANHÁ-LA DA MESMA FORMA
— NÃO ACREDITO

NÃO x

e aceitaria um "vai à merda"?

O MITO DE QUE QUANDO UMA MULHER DIZ "NÃO", QUER DIZER "SIM", JÁ CAUSOU MUITO ESTRA[GO]

— BOM, SE VOCÊ QUISER, PODEMOS NOS VER OUTRO DIA... SÓ NÃO SE APAIXONE POR MIM, TÁ? HE, HE, HÉ
— ???

Cretino x 1000

DAVA POR CERTO QUE EU CAIRIA AOS SEUS PÉS, MAS EU SÓ QUERIA SAIR CORRENDO...

NOS DIAS SEGUINTES, FALEI MAL DELE PARA TODO MUNDO...

MAS NÃO COSEGUIA TIRÁ-LO DA CABEÇA...

PIP PIP PIIIP

QUEM SE CARA NSA QUE ? DON RAPER?

NÃO ESQUEÇA QUE OS PUBLICITÁRIOS TÊM SÓ UMA INTENÇÃO: QUE VOCÊ O CONSUMA POR INTEIRO...

AI, NÃO! MINHA ESTAÇÃO...

BOM, EU DESÇO AQUI... NÃO FIQUE DANDO MAIS VOLTAS

ENTÃO, NÃO PUDE EVITAR DAR UM... Google

Aproximadamente 42.000 resultados
Imagens de Cretino Fanfarrão

!!!

QUE SAFADO!

Cretino_fanfarrão.jpg

"A família é o mais importante para mim!", dizia o criativo mais premiado do ano...

O SR. PERFEITO TINHA UMA FAMÍLIA DE ANÚNCIO...
MAS ERA TÃO FALSA QUANTO AS QUE SAÍAM NAS SUAS CAMPANHAS.

## ERA UM CASO CLARO DE
### *Peterpanismo*

NÃO PODIA VIVER SEM UM
HARÉM DE SEREIAS QUE
DANÇASSEM PARA ELE NA ÁGUA

NÓS, DA GERAÇÃO DISNEY, CRESCEMOS
ACREDITANDO QUE ENCONTRARÍAMOS
UM PRÍNCIPE, MAS AMADURECEMOS À
CUSTA DE PETER PANS...

PARA MIM, NÃO IMPORTAVA MAIS A
SUA VIDA. PREFERIA NÃO VÊ-LO

### *Nunca Mais.*

E QUANDO EU PENSAVA QUE NÃO PODERIA CONFIAR EM NINGUÉM DO MUNDO DA PUBLICIDADE, ALGUÉM DECIDIU CONFIAR EM MIM.

VOCÊ SERÁ A ÚNICA MENINA NO DEPARTAMENTO CRIATIVO. MAS QUERO QUE SAIBA QUE NEM POR ISSO VAMOS EXIGIR MENOS DE VOCÊ, TÁ? TEM CERTEZA DE QUE QUER ESTE ESTÁGIO? SABE QUE O SALÁRIO NÃO É GRANDE COISA...

CERTEZA ABSOLUTA!

mesmo que estas roupas aos 40 anos também denotassem certo peterpanismo...

APERTEI A MÃO DELE COMO UM HOMEM E PROMETI A MIM MESMA MOSTRAR QUE NÃO ÉRAMOS O SEXO FRÁGIL.

# 6. O GRUDE

*faz o carinho...*

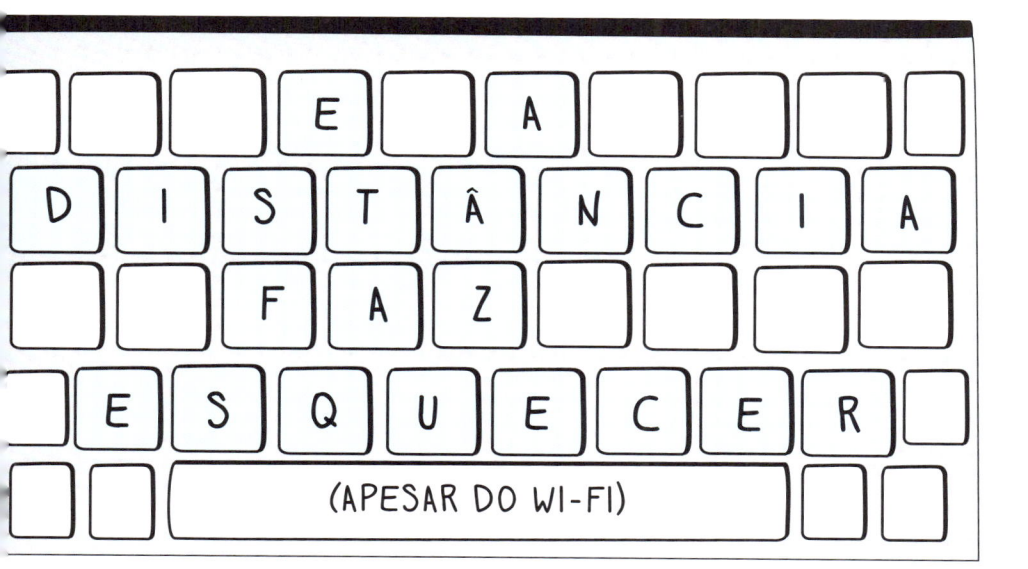

E A
D I S T Â N C I A
F A Z
E S Q U E C E R
(APESAR DO WI-FI)

E, JUSTAMENTE QUANDO CONSEGUI TRABALHO, MINHA AMIGA ENCONTROU O AMOR... PASSOU TRÊS MESES TRANCADA COM ELE NO QUARTO E SAÍRAM APENAS PARA NOS DAR UMA NOTÍCIA CATASTRÓFICA:

> MENINAS, PRECISO CONTAR UMA COISA:

## *Nós vamos morar juntos!*

> NÃO SE PREOCUPEM COM O ALUGUEL, UM AMIGO ESTÁ PROCURANDO APARTAMENTO POR ALGUNS MESES E ME DISSE QUE ADORARIA FICAR COM O MEU QUARTO. EM SETEMBRO, ELE SAI PARA FAZER INTERCÂMBIO. PORTANTO, VOCÊS TÊM TEMPO DE SOBRA PARA PROCURAR UMA SUBSTITUTA. BOM... E AÍ? O QUE ACHAM DA NOTÍCIA?

> QUEM É ESSE CARA E O QUE FEZ COM A NOSSA AMIGA?

> ESTOU EM CHOQUE...

MESMO QUE O MENINO NOVO NÃO FOSSE NADA MAL...
CRUZOU A LINHA DA AMIZADE BEM RÁPIDO.

BOM DIA...

SE ESTE O BOM, N[ÃO] QUERO VE[R] VOCÊ NO MAUS...

DAVA PRA NOTAR QUE TINHA UM HOMEM EM CASA...
ANDA, ME DÁ...
'OR QUE CÊ FECHA ) FORTE A FETEIRA? JÃO TEM JEM ABRA ISTO...
NÃO, DEIXE
máxima frustração feminista...
E EM QUE PESEM ALGUNS PROBLEMAS DE CONVIVÊNCIA...
POR ACASO VOCÊ SABE QUEM FAZ XIXI FORA DO VASO?
MEA-CULPA...
ERA GENIAL TER ELE EM CASA...
POR QUE VOCÊ NÃO VAI JANTAR LÁ EM CASA?
SÓ SE O SEU )LEGA COZINHAR...
FREE WINONA
E EM QUALQUER LUGAR.
POR QUE SEMPRE ME CONFUNDEM COM O SEU AMIGO GAY?
PORQUE VOCÊ SEMPRE ESTÁ COM MENINAS E NUNCA FICA COM NENHUMA...

EM POUCO TEMPO, PARECÍAMOS UM CASAL COMUM.
EI, VIEMOS COMPRAR VERDURAS FRESCAS OU FICAR DE FRESCURA?
DESCULPE, É QUE A SEÇÃO DE CONGELADOS ME DEIXA FERVENDO...
com um pouco mais de sinceridade...

E COM OS MESES, FOMOS FICANDO FIRMES...
NA VERDADE, SOMOS COMO CASADOS: MORAMOS JUNTOS, MAS NÃO TRANSAMOS.

ELE ME ENSINAVA TÉCNICAS DE PAQUERA

NÃO SEI SE FOI UMA BOA IDEIA ME INSCREVER NESTA PÁGINA DE RELACIONAMENTOS... PELO MENOS VOU DAR UMAS RISADAS...

CLARO QUE FOI. VAI POR MIM!

HÁ MUITOS PEIXES NO MAR... E AS REDES ESTÃO AÍ PARA PESCÁ-LOS!

LEVEI A SÉRIO QUANDO COMECEI A BATER PAPO COM "KADU84"

você se importa se deixarmos para a semana que vem?

## Nº 6 CRETINO ENJOADO

MESMO NÃO O CONHECENDO, VOCÊ ACEITOU O SEU CONVITE PORQUE GOSTOU DA FOTO DO PERFIL. VOCÊ PERCEBEU QUE ELE ESTAVA ACOSTUMADO A SER CHATO, DESDE O INÍCIO BOMBARDEOU VOCÊ COM PERGUNTAS: QUAL É O SEU SIGNO? QUE TIPO DE MÚSICA VOCÊ OUVE? QUAL É A SUA POSIÇÃO FAVORITA? PROVAVELMENTE ELE TENHA MAIS DUAS CONTAS PARA TECLAR COM OUTRAS 20 ENQUANTO A NAMORADA VÊ "GOSSIP GIRL". OU TALVEZ NEM SEJA ELE NA FOTO DO PERFIL...

DEPOIS DE UMA SEMANA FALANDO 4 HORAS POR DIA, A MINHA RELAÇÃO VIRTUAL IA DE VENTO EM POPA...

MAS ELE NÃO SE DECIDIA A MORDER A ISCA...

DISSE QUE QUER FAZER VIDEOCHAMADA AGORA!

VOCÊ SE OLHOU NO ESPELHO? DIZ QUE NÃO SABE COMO FUNCIONA A WEBCAM. É O MAIS FACTÍVEL...

DISSE QUE ESTA SEMANA TAMBÉM NÃO VAI PODER... SEMPRE ESTÁ ESCREVENDO, MAS NÃO PODE SE ENCONTRAR NUNCA.

ELE SÓ GOSTA DE BAJULAÇÃO. PARA MIM, ELE TEM OUTRA...

Isso de paquerar navegando me dava enjoos, mas os conselhos do meu amigo me faziam sair do apuro...

MAS TEVE ALGUÉM QUE SUSPEITOU DESDE O COMEÇO...

O QUE VOCÊ ESTÁ DIZENDO, MAMÃE?! CLARO QUE NÃO ESTAMOS JUNTOS. COMO ASSIM "PASSO MUITO TEMPO COM ELE"? É NORMAL. MORAMOS JUNTOS, O QUE VOCÊ QUERIA? ALÉM DISSO, ELE NÃO É NEM UM POUCO MEU TIPO. A GENTE SE DÁ SUPERBEM, TEMOS MUITAS COISAS EM COMUM E É UM BOM RAPAZ, MAS *somos somente amigos*

SIM, AGORA VOCÊ CHAMA DE "AMIGO".

NÃO IMPORTA, VOCÊ NÃO ENTENDE. É DE OUTRA GERAÇÃO...

EU DEMOREI BASTANTE PARA PERCEBER QUE, NA REALIDADE, A MINHA RELAÇÃO OFF-LINE ERA MUITO MAIS INTERESSANTE DO QUE A ON-LINE...

COMO VAI COM O SEU NAMORADO VIRTUAL?

DISSE ELE Q PRECI DE M SPACE

TANTO GRUDE SE TRANSFORMOU NUMA ATRAÇÃO INSUSTENTÁVEL...
E COMEÇAVA A SER MUITO EVIDENTE QUE PROCURÁVAMOS
DESCULPAS PARA FICARMOS SOZINHOS EM CASA...

"ACHO QUER NÃO VOU SAIR... ESTOU UM POUCO CANSADA E PREFIRO ASSISTIR ''NEW GIRL''..."

"ENTÃO VOU FICAR PRA LHE FAZER COMPANHIA..."

está tocando no meu ombro, que forte!

depois de meses de preliminares, a gente se mete em cada situação...

MESMO QUE, AO QUE TUDO INDICAVA, PARA ALGUNS NÃO FOSSE TÃO EVIDENTE...

"ENTÃO VAMOS FICAR COM VOCÊS. SAÍMOS NOUTRO DIA EM QUE TODOS QUEIRAM."

"NÃO PRECISA, É SÉRIO..."

"PARA MIM, ESTÁ ÓTIMO. NÃO TENHO UM CENTAVO..."

ódio infinito...

DISSIMULADAMENTE, ME LIVREI DOS MEUS HORRENDOS PIJAMAS DE FICAR EM CASA...

AONDE VOCÊ VAI? ESTA NOITE É O SEU TURNO COMO STRIPPER?

O QUE VOCÊ ESTÁ FALANDO? SÓ COLOQUEI ALGO MAIS CONFORTÁVEL..

...

E VOCÊ, PODERIA COLOCAR UMA CAMISETA DE VEZ EM QUANDO?

MESMO ASSIM, AGUENTAMOS ATÉ A NOITE DA SUA DESPEDIDA...

BECAUSE THE NIGHT! BELONGS TO LOVERS!

Patti Smith

BECAUSE THE NIGHT!

BELONGS TO LUST!

ACHA MÁ IDEIA QUE EU BEIJE VOCÊ?

QUANDO ACONTECEU O QUE ESTAVA ESCRITO...

ACHO QUE JÁ BEBEMO SUFICIENTE PAR JOGAR A CULPA N ÁLCOOL...

NA MANHÃ SEGUINTE, TIVE DE CONFESSAR...

O QUÊ? É SÉRIO QUE VOCÊS TRANSARAM?

O QUE VOCÊ QUERIA QUE FIZESSE? NÃO PODIA NÃO CONVIDÁ-LO PARA SUBIR... ELE MORA AQUI!

À NOITE, FUI ACOMPANHÁ-LO AO AEROPORTO

"VOCÊ ACHA QUE PODERÍAMOS SEGUIR A DISTÂNCIA? UM ANO PASSA VOANDO... E AGORA COM A INTERNET..."

"VOCÊ JÁ SABE QUE AS RELAÇÕES ON-LINE NÃO SÃO O MEU FORTE... MAS PODEMOS TENTAR."

NO COMEÇO, SENTIA MUITA SAUDADE DELE E VIVIA NO SKYPE...

DESDE QUANDO VOCÊ TOMA CHÁ?

DESDE QUE ALGUÉM DEIXOU A CAFETEIRA MUITO BEM FECHADA...

MAS LOGO ENCONTRAMOS O SUBSTITUTO PERFEITO...

NÃO ESTOU CONVENCIDA DE COLOCAR OUTRO HÉTERO NO APARTAMENTO...

SHORTBUS

# 7. O meu PROTÓTIPO perfeito

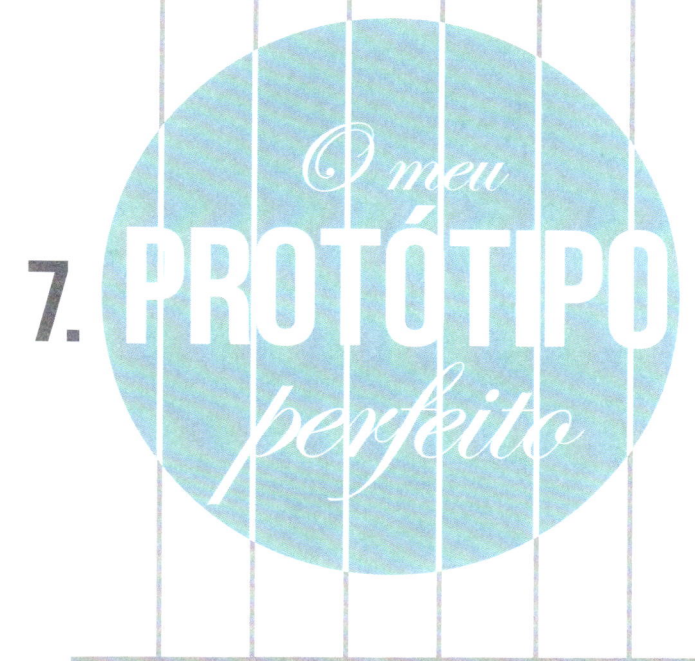

sonhar é grátis, mas caso se torne realidade, se acaba pagando...

SABEMOS O QUE ACONTECE QUANDO SE VIVE NA CIDADE GRANDE...

POR QUE NÃO EM ME VER COM S SUAS AMIGAS ANHÃ? COM ESTE FLYER VOCÊS NÃO PAGAM...

NÃO VOU PERDER!

ALQUER MOMENTO VOCÊ PODE CONHECER OUTRO... MELHOR?

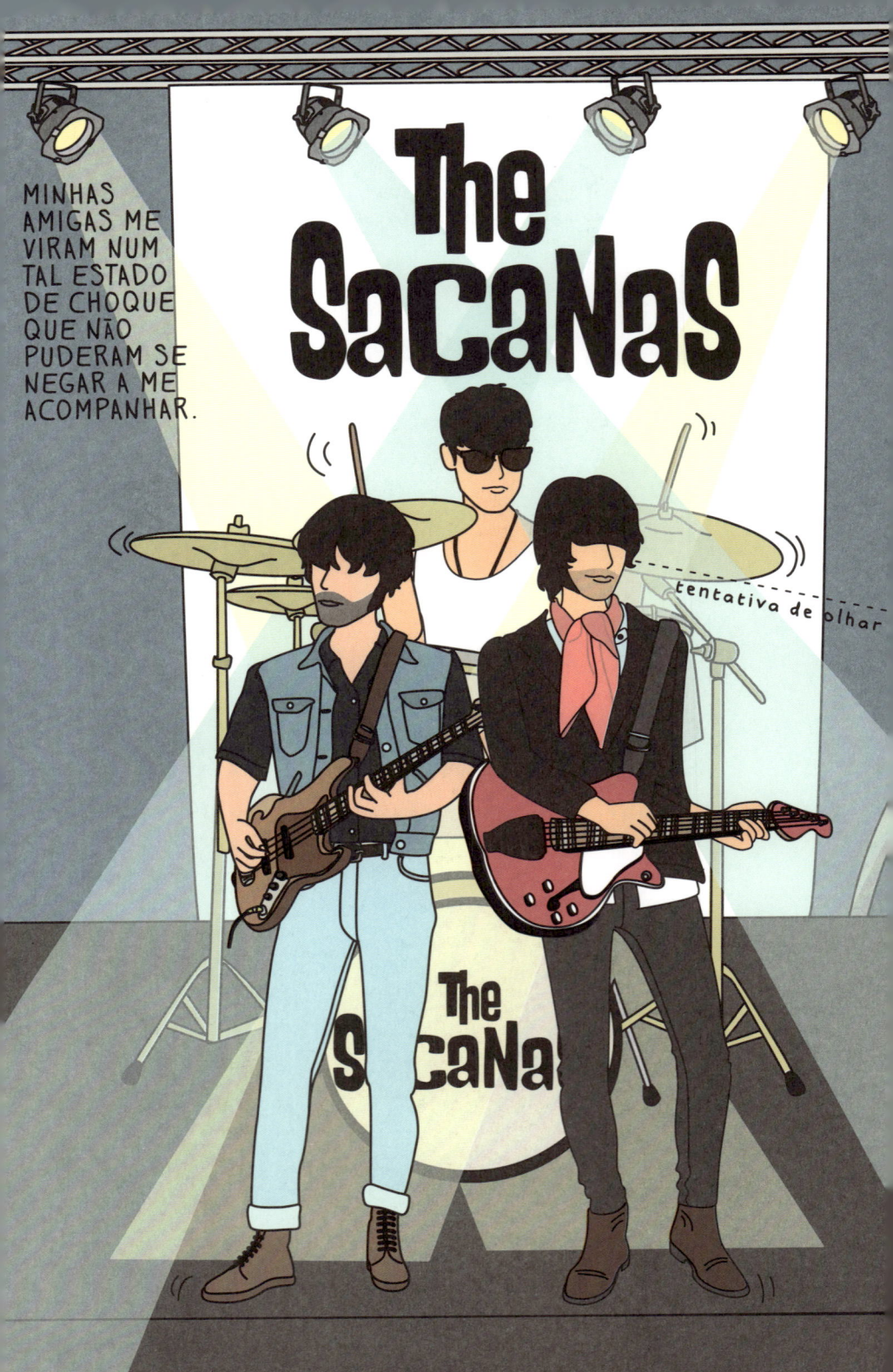

MINHAS AMIGAS ME VIRAM NUM TAL ESTADO DE CHOQUE QUE NÃO PUDERAM SE NEGAR A ME ACOMPANHAR.

# The SaCaNaS

tentativa de olhar

TINHA ENCONTRADO O MEU PROTÓTIPO DE HOMEM. ERA PERFEITO:

## Nº 7 CRETINO IDEAL

"o rock é assim..."

SAI TODAS AS NOITES PARA EXIBIR AS SUAS CALÇAS JUSTAS E ENTRA EM TODOS OS BOTECOS DA MODA NA CARA DURA. VESTE-SE COMO UM ROCK STAR E VIVE COMO TAL. AS MULHERES O INTIMIDAM TÃO POUCO QUE SE ENTEDIA RAPIDAMENTE. COMO SEMPRE LHE DERAM ENTRADA, NÃO SABE O QUE É LEVAR UM FORA. JAMAIS LHE DISSERAM QUE NÃO E, MESMO QUE VOCÊ QUISESSE SER A PRIMEIRA, SABE QUE SE TIVESSE A OPORTUNIDADE, NUNCA O REJEITARIA.

O HOMEM DA MINHA [VI]DA... SE EU QUISESSE [FIL]HOS, SERIA [C]OM ELE!

AS GROUPIES SEMPRE ME PARECERAM PATÉTICAS, MAS DESTA VEZ SUCUMBI SEM REMÉDIO AO...

O BATERISTA TAMBÉM NÃO É NADA MAU...

SIM, SIM... MAS QUE MÚSICA DE MERDA...

## *Erotismo* DE PALCO

Efeito que muitas mulheres costumam experimentar ao ver um homem em cima de um tablado ou de um palco. Qualquer homem que subir nele consegue parecer 50% mais interessante e atraente do que realmente é. Beneficiam-se disso os cantores, os atores, os professores e inclusive os jovens padres.

ANOS E ANOS ESTUDANDO EM CONSERVATÓRIOS OU COM TUTORIAIS DE GUITARRA NO YOUTUBE E TUDO COM *um único objetivo:* **PEGAR**

EU CARREGO O ROCK NO SANGUE...

o mesmo lugar em que carrega umas quantas doenças venéreas...

O CORPO FEMININO PARECE COM UMA GUITARRA, SABIA?

E O MASCULINO COM UMA ZABUMBA...

PARA NÓS, DÁ NO MESMO VENDER OU NÃO VENDER... O QUE GOSTAMOS É QUE O PÚBLICO APROVEITE A NOSSA MÚSICA E DÁ BEBIDA GRÁTIS, HE, HE

HE,

NO FINAL DA NOITE, FEZ A TÍPICA
# PROPOSTA
*de músico*
(caso soasse a flauta)

SE QUISER, VAMOS ATÉ A MINHA CASA E TOCO ALGO PARA VOCÊ...

e fui sem pensar duas vezes...

O MÚSICO CONSEGUIU A ÚNICA COISA QUE QUERIA: NÃO FAZER UM SOLO NAQUELA NOITE... E MAIS UMA VEZ EU ME SENTI UM POUCO IDIOTA. SERÁ QUE NÃO TINHA APRENDIDO NADA COM O CRETINO FUGITIVO? NESTE CASO, PENSEI QUE SERIA MELHOR EU FUGIR ANTES.

JÁ VAI?

SIM... É QUE TENHO DE TRABALHAR ÀS 9H E PRECISO PASSAR EM CASA PARA TROCAR DE ROUPA...

ESSA SIM FOI UMA TRANSA MUITO ROQUEIRA 1, 2, 3, JÁ...

100

O PIOR DE VOLTAR À REALIDADE É VOLTAR PARA CASA, AINDA MAIS QUANDO SE ESTÁ COM CARA DE QUEM PASSOU A NOITE NO

Motel

Mais fuleiro e rançoso

da cidade

POR FAVOR, VEM LOGO...

QUANDO EU ACREDITAVA QUE NÃO PODERIA ME SENTIR PIOR, VI QUEM SE LEMBRAVA DE MIM LÁ DO OUTRO LADO DO MUNDO E NÃO PUDE RECUSAR A CHAMADA

AQUI É MEIA-NOITE, MAS AÍ DEVE SER SETE DA MANHÃ. POR QUE VOCÊ ESTÁ CONECTADA TÃO CEDO?

DEIXEI LIGADO... ACABO DE CHEGAR DE UMA FESTA.

NA VERDADE, A SUA CARA ESTÁ PÉSSIMA. ANDA, VAI DESCANSAR.

BEM, NA VERDADE, PRECISO FALAR COM VOCÊ...

DEPOIS DE ODIAR A MIM MESMA POR DIZER A ELE COISAS COMO "VOCÊ É O MELHOR CARINHA QUE CONHEÇO, MAS VEJO VOCÊ MAIS COMO UM AMIGO", "NÃO QUERO QUE A GENTE SE MACHUQUE" OU "É O MELHOR PARA NÓS DOIS"... NÃO HAVIA MUITO A ACRESCENTAR.

Desconectado

Desconectado

NÃO PODIA ME SENTIR MAIS CULPADA... HAVIA RENUNCIADO AO *bom cara* PELO *cara bom*

TODOS QUEREM SEXO SEM COMPROMISSO, E ELE ACEITA COMPROMISSO SEM SEXO? POR QUE NUNCA FICAMOS COM O BOM MENINO? QUERIA ESTAR APAIXONADA POR ELE...

MAS, NO FINAL, SEMPRE ME APAIXONO POR QUEM NÃO DEVO...

# E se eu só gostar DOS CRETINOS?

MAS TALVEZ EU TIVESSE ME PRECIPITADO. NÃO DEVERIA PRÉ-JULGAR OS CARINHAS TÃO RÁPIDO...

OI, LINDA. VÓCÊ VAI PASSAR POR LÁ ESTA NOITE? ESTOU LOUCO PRA VER VOCÊ...

CLARO!

**ELE TINHA ME LIGADO.** E COMO NÃO ESPERAVA QUE ELE MOSTRASSE INTERESSE, FUI ÀS NUVENS...

E DECIDI ME ESFORÇAR PARA SER A GATA MAIS LEGAL E FESTEIRA DO MUN

OUTRA RODADA DE DRINKS E TODOS AO PALCO, QUE SÃO APENAS 5H!

FARSANTE... SE ELE NÃO ESTIVESSE AÍ, ELA ESTARIA SUPLICANDO PARA QUE FÔSSEMOS DORMIR...

Eu me sentia mais pressionada do que os seus ovos naquelas calças justas...

MAS POR MAIS QUE SUBISSE NO PALCO, SENTIA QUE NÃO ESTAVA À ALTURA

O ROCK É ISSO AÍ!

YEAH!

DE TODAS AS FORMAS, NÃO IMPORTAVA COM QUEM ELE CONVERSAVA DURANTE A NOITE, PORQUE ERA COMIGO QUE ACORDAVA PELA MANHÃ...

PASSOU BEM A NOITE?

DANÇANDO?

era o pior amante que eu tinha tido... para ele as preliminares consistiam em tomar uns tragos antes... ainda que eu não desse importância e só enxergasse as coisas boas.

ATÉ QUE DE UM DIA PARA O OUTRO, COMEÇOU A ME DAR BOLO...

OI, LINDA! ESTA NOITE TAMBÉM NÃO VOU SAIR... NO PRÓXIMO FINAL DE SEMANA EU TE LIGO, OK?

AH, TÁ...

COMO NO FINDI SEGUINTE OBVIAMENTE TAMBÉM NÃO ME LIGOU, DECIDI BAIXAR NO BAR "POR ACASO"

QUE CANALHA!

SUPORTEI TUDO O QUE PODIA, MAS DEPOIS DE TOMAR UMAS CINCO DOSES SEM QUE ELE SE DIGNASSE A ME CUMPRIMENTAR, ACABEI ARMANDO

# O SUPERBARRACO

FIQUEI COM VOCÊ SEM EXIGIR NADA, SEM PEDIR EXPLICAÇÕES... MAS ERA PRECISO MENTIR E ME TRATAR COMO UMA RETARDADA?!

1. lágrimas

ACHO QUE É MELHOR NÃO NOS VERMOS MAIS!

2. gritos

3. público

os três requisitos de um superbarraco

# Era a vez dele...

**O que você DESEJA que aconteça**

POR FAVOR, ME PERDOE. NÃO QUERIA QUE SE SENTISSE ASSIM. VOCÊ É MUITO IMPORTANTE PARA MIM, MAS EU NÃO SOUBE DEMONSTRAR. NÃO ESTAVA PREPARADO PARA QUE TUDO ACONTECESSE TÃO RÁPIDO. MAS PERCEBI QUE NÃO ESTOU DISPOSTO A PERDER VOCÊ. PORTANTO, A PARTIR DE AGORA VOU TRATÁ-LA COMO MERECE. AH, E VOU ME ESFORÇAR PARA SER MELHOR NA CAMA!

**O que acontece NA REALIDADE**

ENTENDO. SINTO QUE ACABE ASSIM, MAS ACHO QUE É MELHOR...

OS CRETINOS NUNCA DEIXAM VOCÊ. ESPERAM QUE VOCÊ OS DEIXE.

E AINDA QUE NA SEGUNDA-FEIRA NÃO PUDE EVITAR SEGUIR FOFOCANDO SOBRE ELE NO TRABALHO...

MAS DE ONDE VOCÊ TIRA ESSES CARAS?

NÃO É MINHA CULPA. SOU COMO UM ÍMÃ PARA CRETINOS...

QUANDO VOCÊ ME MOSTROU NO FACEBOOK, EU AVISEI QUE NÃO ERA PARA CONFIAR NELE...

O SEU PROBLEMA É QUE VOCÊ GOSTA DOS QUE TÊM CARA DE CAFAJESTE E NO FINAL SÃO MESMO.

NO FIM DE SEMANA, ME PROPUS A ESQUECÊ-LO

—109—

# 8. O amor é uma droga

**e o desamor, a ressaca**

E VOCÊ ESTÁ NA NOITE E O ARINHA SOLITÁRIO E STERIOSO NO BALCÃO APROXIMA DE CÊ E DIZ:

**QUER *sair* COMIGO?**

**KEEP CALM**
ELE REFERE-SE A SAIR PARA FUMAR COM ELE.

QUER UM?

NÃO OBRIGADA. PAREI DE FUMAR FAZ TEMPO.

U GOSTO MUITO PARA PARAR... ALÉM DISSO, OCÊ PODE MORRER ATROPELADO AMANHÃ... NADA É ETERNO... É PRECISO VIVER A VIDA O MÁXIMO ENQUANTO DURAR... CARPE DIEM!

ENTRAMOS PARA PEGAR OS CASACOS E FOMOS PROCURAR UMAS LATAS DE CERVEJA E UM LUGAR PARA SEGUIR CONVERSANDO...

> ACONTECE O MESMO COM AS RELAÇÕES. VOCÊ E EU, POR EXEMPLO: ACABAMOS DE NOS CONHECER. SE A GENTE SE GOSTAR, FICAMOS JUNTOS E QUE DURE O QUANTO DURAR... QUE IMPORTA SE TEM FUTURO? O IMPORTANTE É QUE AGORA ESTAMOS BEM...

> TÁ BOM, ME DÁ UMA TRAGADA...

FICAMOS CONVERSANDO ATÉ AMANHECER E COMBINAMOS DE NOS VER OUTRA VEZ.

> POR QUE VOCÊ NÃO VAI AMANHÃ À NOITE ATÉ A MINHA CASA E FUMAMOS UNS BASEADOS?

> SE O PLANO NÃO INCLUIR GAMES, ACHO BOM...

> NÃO SE PREO-CUPE, NÃO GOSTO DE VIDEOGAMES...

Supus que o "fumamos uns baseados na minha casa" era o novo "assistimos a um filme na minha casa"

114

Ficamos trancados na casa dele por horas... Ele me falava dos seus livros e escritores preferidos, e eu lhe mostrava vídeos e curtas que eu adorava.

BUKOWSKI É A MINHA REFERÊNCIA. COMECEI A ESCREVER POR CAUSA DELE. MUITA GENTE O TACHA DE GROSSEIRO, MAS EU ACHO QUE ELE SIMPLESMENTE FALA COM CLAREZA...

ENCONTROU O VÍDEO NO YOUTUBE?

ESTOU TENTANDO...

Se Bukowski tivesse nascido na era da internet, também teria o histórico cheio de pornôs...

115

E ASSIM PASSEI AS SEMANAS MAIS IMPRODUTIVAS DA MINHA VIDA...

EU ME SINTO MUITO À VONTADE COM VOCÊ. DE VERDADE...

NORMAL. SEMPRE ESTAMOS BÊBADOS OU CHAPADOS... EM TODOS OS SENTIDOS...

EM TODOS OS SENTIDOS...

A VERDADE É QUE ESTOU MUITO CHAPADO... VOCÊ SE IMPORTA SE DEIXARMOS PARA OUTRA HORA?

TUDO BEM. NÃO IMPORTA...

Esse era o seu "carpe die

MAS NUNCA O VI MUITO CLARAMENTE...

POR QUE VOCÊ NÃO DORME AQUI E FAZEMOS ALGUMA COISA DE MANHÃ?

AH, NÃO SEI...

É MELHOR EU IR PARA CASA. *Já é quase dia...*

SEMPRE QUE O VIA ERA DE NOITE... JÁ NÃO SABIA SE ESTAVA SAINDO COM UM HOMEM OU COM UM VAMPIRO...

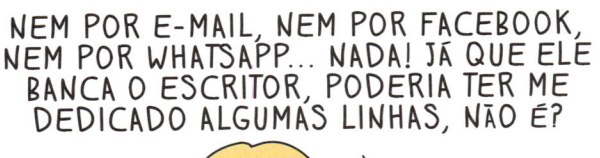

E MESMO QUE SE SUPONHA QUE OS VAMPIROS SEJAM IMORTAIS, DE REPENTE PARECIA QUE ESSE TINHA MORRIDO... ✝

COMO É ISSO DE TOMAR CAFÉ COM LEITE E UNHAS? VOCÊ ME RECOMENDA?

NEM POR E-MAIL, NEM POR FACEBOOK, NEM POR WHATSAPP... NADA! JÁ QUE ELE BANCA O ESCRITOR, PODERIA TER ME DEDICADO ALGUMAS LINHAS, NÃO É?

HOMENS...

depois deste fíndi eu largo

## Nº 8 CRETINO TRIMESTRAL

DESDE QUE SOFREU UMA REJEIÇÃO AMOROSA, O SEU STATUS DE RELACIONAMENTO NO FACEBOOK É "VIÚVO". NÃO GOSTA DE ESTAR SOZINHO NEM DE TER ALGUÉM PORQUE SEMPRE PENSA NO QUE ESTÁ PERDENDO. ESCREVE PROFUNDOS PENSAMENTOS DE HOMEM TORTURADO NA SUA CADERNETA MOLESKINE E POSTA-OS NO SEU BLOG, ACREDITA QUE É O BUKOWSKI DA BLOGSFERA. LEVA UMA VIDA TOTALMENTE DESTROYER: BEBE, FUMA, SE DROGA E, SE PRECISO, PROCURA PUTAS... SEMPRE DIZ QUE VAI LARGAR ESSA VIDA, MAS NO FINAL SÓ LARGA VOCÊ.

ATÉ QUE FINALMENTE ELE SE PRONUNCIOU PELO FACEBOOK:

**Cretino Trimestral**
Desculpe por eu não ter dado sinal de vida ultimamente, não estou passando por um bom momento e preciso ficar sozinho.

A MINHA REAÇÃO FOI A MAIS LÓGICA, A QUE QUALQUER UM TERIA:

EU O FAREI FELIZ! FAREI COM QUE VEJA A LUZ. EU VOU MUDÁ-LO!

ENTÃO TELEFONEI PARA TENTAR ANIMÁ-LO

AFF, GATA... É QUE ONTEM ME ENCHI DE MDMA E ESTOU COM UMA RESSACA MONUMENTAL... NÃO ESTOU LEGAL PARA FALAR COM NINGUÉM, MAS EU LIGO PRA VOCÊ QUANDO ESTIVER MELHOR, O QUE ACHA?

ACHO QUE NÃO.

E DEPOIS DE TRÊS MESES SEM SABER DELE, FEZ A SUA

aparição estelar

(eu chamo de estelar porque foi altas horas da noite...) ★

OI, LOIRA. ACABO DE SAIR DO BAR E ESTOU NA SUA PORTA. PERCEBI QUE GOSTO DE VOCÊ. PODE ABRIR?

SÃO CINCO DA MANHÃ. DEIXE AS DROGAS E ME DEIXE EM PAZ.

A ESSAS ALTURAS, EU JÁ ESTAVA TOTALMENTE DESENCANADA.

Estava farta de tanta vida noturna. Então decidi começar a minha própria

# REABILITAÇÃO

OS MEUS OBJETIVOS ERAM MUITO CLAROS: sair para correr duas vezes por semana e não voltar a correr atrás de nenhum cretino.

E todas sabemos que quando você decide evitar os carinhas, é quando eles começam a brotar como cogumelos...

O QUE VOCÊ FAZ AQUI? QUE COINCIDÊNCIA!

POIS É!

Coincidência? Encontrá-lo num sábado de manhã numa cidade com milhares de quilômetros quadrados e milhões de habitantes? Isso se cha*m*

*Destin*

ANTES QUE TIVESSE TEMPO DE DEMONSTRAR AO 'SR. RELAÇÕES ABERTAS' COMO EU ESTAVA MADURA... ELE SOLTOU A BOMBA

— OMO ESTÁ TUDO? GUMA NOVIDADE?

— TUDO ÓTIMO. NA VERDADE, NEM EU ACREDITO, MAS ESTOU COM UMA MENINA.

— COM UMA MENINA? SOMENTE UMA?

— SIM... ELA ME DEIXA LOUCO... É GENIAL. VOU LHE APRESENTAR. É UMA GATA SUPERINTERESSANTE. CONHECI NUM SHOW DA MINHA BANDA FAVORITA. NA VERDADE, ELA É UM POUCO COMPLICADA, MAS ESTOU APAIXONADO ATÉ A RAIZ DO CABELO... POR MIM, EU IRIA MORAR COM ELA, MAS ELA DISSE QUE PREFERE IR COM CALMA...

*A diferença entre ser complicada e ser louca é se você gosta dela ou não...

— SÉRIO. VOCÊ NÃO SABE COMO FICO FELIZ!

E O CUMPRIMENTEI EFUSIVAMENTE POR TER COLOCADO A CABEÇA NO LUGAR, ENQUANTO TINHA VONTADE DE FAZÊ-LA VOAR PELOS ARES.

NESSE MOMENTO EU COMPREENDI QUE SE ELE HAVIA ME TRATADO MAL NÃO ERA PORQUE FOSSE UM CRETINO, MAS PORQUE NÃO GOSTAVA DE MIM O SUFICIENTE

O PROBLEMA NÃO ERA QUE NÃO PUDESSE SE APAIXONAR. CLARO QUE PODIA, MAS NÃO POR MIM. E A MESMA COISA HAVIA OCORRIDO COM OS OUTROS.

DEFINITIVAMENTE, A MINHA AUTOESTIMA HAVIA
CHEGADO AO FUNDO
UM MENU EXTRAGRANDE COM COCA-COLA GRANDE E FRITAS GRANDES...
COCA-COLA LIGHT?
NÃO.
A REABILITAÇÃO DEMORARIA MAIS DO QUE O PREVISTO...

## 9.

**Um Drama**

se supera com comédias românticas

QUANDO VOCÊ ESTÁ A PONTO DE CAIR EM
# DEPRESSÃO,
SÓ HÁ UMA COISA A FAZER:

**QUER ASSISTIR UMA COMÉDIA ROMÂNTICA?**

**SIM, POR FAVOR, A MAIS BOBA QUE HOUVER...**

Quanto mais você as vê, mais falsas esperanças você deposita no amor e nos homens. E mais se deprime quando topa com a realidade. É um círculo vicioso, mas é imprescindível para sobreviver às reclusões por decepções amorosas...

ENTÃO ME LEMBREI DO ÚNICO CARA QUE NÃO TINHA SIDO UM CRETINO COMIGO

ELE APARECE COM UMA MENINA EM VÁRIAS FOTOS, MAS NÃO SEI SE ESTÃO JUNTOS OU SE É SÓ UMA AMIGA.

VOCÊ ACHA QUE EU PODERIA RECUPERÁ-LO?

O QUÊ? FAÇA O FAVOR DE DEIXA[R] ELE EM PAZ... S[Ó] IRIA CONFUNDI-L[O]

O QUE VOCÊ TEM [É] SÍNDROME DO **Moletom** *velho*

**1** Faz tempo que já não gosta dele, sairia com qualquer um, menos com ele...

COMO PUDE GOSTAR DISTO?

**2** Então decide se livrar dele para te[r] mais espaço para as suas coisas...

SINTO PENA, MAS ESTÁ VELHO E FORA DE MODA...

**3** E logo depois de deixá-lo, vê uma menina que para, pega e leva...

AI, QUE MOLETOM LINDO! NÃO ENTENDO COMO ALGUÉM PÔDE JOGAR FORA...

**4** E imediatamente lhe dá uma vontade louca de recuperá-lo.

TIRE ESTAS MÃOS SUJAS DO **MEU** MOLETOM.

**5** Se o recuperasse, talvez usasse por mais alguns dias, mas logo voltaria a abandoná-lo para estrear outros novos...

COMPROVEI QUE BEBER PARA ESQUECER TAMBÉM NÃO É UMA BOA IDEIA...

...E QUE A PIOR MISTURA É ÁLCOOL + DESESPERO

Nem todos são cretinos...

DECIDI QUE O MELHOR SERIA
ME INTERNAR POR ALGUNS DIAS NO MELHOR
# CENTRO DE REABILITAÇÃO
(OU SEJA, IR PARA A CASA DOS MEUS PAIS)

"VOCÊ SABIA QUE A SUA CONTA UNIVERSITÁRIA ESTÁ PRESTES A VENCER?"

"NÃO TINHA PERCEBIDO. OBRIGADA POR AVISAR. MUITA GENTILEZA SUA."

Hoje em dia os bancos avisam quando você tem que usar creme antirrugas...

TINHA CERTEZA DE QUE A MINHA ESTADIA NA CIDADE PEQUENA SERIA REJUVENESCEDORA: NÃO SAIRIA, NÃO BEBERIA, NÃO ME ALIMENTARIA COM PORCARIAS E NÃO MANTERIA NENHUM CONTATO COM CRETINOS.

A VERDADE É QUE CADA VEZ QUE VOU À MINHA CIDADEZINHA, FICO NOSTÁLGICA... TERIA SIDO MAIS FELIZ SE NUNCA TIVESSE SAÍDO DAQUI?

Bagagem de dois anos para dois dias...

PRECISAVA VER AS MINHAS IRMÃS MENORES E CONTAR COMO EU TINHA SOFRIDO COM TODOS ESSES CRETINOS...

E ISSO É TUDO QUE ME ACONTECEU NA CIDADE GRANDE...

UI, QUE INVEJA!

VAI SE QUEIXAR?

AO MENOS VOCÊ CONHECE UM MONTE DE CARAS... AQUI NÃO TEM NENHUM INTERESSANTE... E QUANDO HÁ, SAIU COM ALGUMA AMIGA E VOCÊ TEM QUE ESPERAR QUE PRESCREVA... OU SÃO DA MESMA TURMA DO SEU EX... OU É DAQUELE TIPO QUE CONTA PARA TODA A CIDADE...

BEM, OLHANDO POR ESSE LADO...

SE VOCÊ FICAR COM ALGUÉM, VAI VER A CARA DÉLE TODA A VEZ QUE SAIR...

E SOBRETUDO PRECISAVA VER A MINHA MÃE...

APROVEITE, FILHA, POIS EU NÃO PUDE...

NA SUA IDADE, JÁ ESTAVA CASADA E JÁ TINHA VOCÊ!

VOCÊ JÁ QUER UM HOMEM PARA TODA A VIDA? EU ME CASEI COM O MEU PRIMEIRO NAMORADO... QUISERA DEUS MEUS PAIS TIVESSEM ME DITO PARA ESPERAR...

SE VOCÊ NÃO SE VALORIZAR, NINGUÉM IRÁ...

TRABALHE BASTANTE E NUNCA DEPENDA FINANCEIRAMENTE DE UM HOMEM... FOI PARA ISSO QUE EU LUTEI TANTO, PARA QUE AS TRÊS PUDESSEM ESTUDAR!

ESQUEÇA OS HOMENS. PENSE EM VOCÊ...

ELES SÓ PENSAM EM SEXO. SÃO UNS VICIADOS, VOCÊ JÁ VAI VER.

VOCÊ VAI TER TEMPO PARA TER FILHOS. AGORA VOCÊ TEM DE SER EGOÍSTA. EU NUNCA PENSEI EM MIM E OLHA...

PASSEI TODA A VIDA TRANCADA NA COZINHA

HOJE EM DIA AS COISAS MUDARAM MUITO. QUE SORTE SER DA MINHA GERAÇÃO E NÃO DA DELA.

135

SE EU CRESCI PENSANDO QUE TINHA DE EVITAR O CASAMENTO A TODO CUSTO, POR QUE AGORA TENTAVA ENCONTRAR ALGUÉM? QUERIA MESMO ACHAR UM NAMORADO, SAIR UNS ANOS, CASAR, DEIXAR MINHA CARREIRA PARA TER FILHOS E ME TRANSFORMAR NUMA MÃE E ESPOSA PERFEITA?

ENTÃO DECIDI QUE A ÚNICA COISA QUE ME PREOCUPARIA SERIA

# APROVEITAR A MINHA LIBERDADE

se eu me casar de branco, não será devido ao vestido, mas sim aos cabelos...

FALAR COM MINHA MÃE FEZ COM QUE EU PARTISSE DA MINHA CIDADEZINHA COM VONTADE DE SER ETERNAMENTE UMA SOLTEIRA DA CIDADE GRANDE

E ERA INDIFERENTE SE NINGUÉM ESTIVESSE ME ESPERANDO NA ESTAÇÃO COM UM BUQUÊ DE FLORES...

QUE NOJO

# 10. *alérgica a* FLORES

Agora eles serão os Kleenex

Desta vez sim tive uma reação lógica:
# TODOS OS CARAS SÃO CRETINOS!

## COMBATIA QUALQUER INDÍCIO DE MACHISMO

"VOCÊS ACHAM NORMAL ISTO AQUI? AQUI NÃO É UMA CABINE DE CAMINHÃO! TAMBÉM É MEU ESCRITÓRIO!"

"CALMA, É SÓ A NOSSA PROPOSTA PARA A PRÓXIMA CAMPANHA..."

"PIOR AINDA."

NÃO TOLERAVA NENHUMA PIADINHA MASCULINA

VIA OS FILMES ROMÂNTICOS COMO QUEM VÊ FUTEBOL...

E DEIXEI MEUS VESTIDINHOS "GIRLIE" NO ARMÁRIO...

"O QUE VOCÊ TEM HOJE? TPM?"

"REPITA ISSO E AÍ SIM TERÁ SANGUE..."

"VOCÊ VIU ISSO?! PERCEBE QUE ISSO NÃO ACONTECE NA REALIDADE? DEIXE DE NOS ENGANAR!"

"PARECE CONTRADITÓRIO, M QUANTO ODEIO O HOME MAIS VISTO CO ELES..."

mas em vez de insultar os juízes, xingava os roteiristas...

MESMO QUE ALGUNS TENHAM QUALIFICADO COMO "INVEJA DO PÊNIS", EU NÃO SENTIA NENHUMA INVEJA DO GÊNERO MASCULINO...

BOM, É PRECISO RECONHECER QUE ELES ENVELHECEM MELHOR...

TEM RAZÃO, NÃO TÊM RUGAS NA CARECA...

SOMENTE TINHA VONTADE DE SAIR COM UM HOMEM...

SE QUISER, VEM. MAS AVISO QUE É UMA FESTA GAY...

PERFEITO!

E SENTIA INVEJA DAS LÉSBICAS...

QUEM ME DERA GOSTASSE DE MULHERES E ME IMPORTASSE UM TIQUINHO OS TICOS...

QUEM DERA...

PERCEBI QUE AS MENINAS COM QUEM FALAVA ESTAVAM TÃO ENOJADAS QUANTO EU... TODAS HAVÍAMOS CONHECIDO MUITOS TIPOS DE CRETINOS.

QUANDO MORÁVAMOS JUNTOS, COMECEI A DESCONFIAR QUE ELE LEVAVA OUTRAS PARA CASA. ELE ME DIZIA QUE EU ESTAVA LOUCA... LOGO COMPROVEI QUE ELE DIZIA A VERDADE, NÃO AS LEVAVA PARA CASA, MAS PARA O CARRO. ESSE SIM, ACABOU RISCADO DE LADO A LADO.

QUANDO ESTAVA COMEÇANDO A FICAR COM ELE, ABRIU O ZÍPER, OLHOU PARA BAIXO E DISSE: "NÃO CONHECE O SR CAMARÃO?" SAÍ CORRENDO... O QUE ELE ESPERAVA?

**CRETINO PINÓQUIO:** *cresce quando a engana...*

**CRETINO DICIONÁRIO:** *coloca nome em tudo...*

NÃO TRABALHAVA, BEBIA SEM PARAR E PASSAVA O DIA JOGANDO POKER ON-LINE... QUANDO FUI EMBORA, DESEJEI SORTE!

ELE FEZ COM QUE EU APAGASSE TODOS OS CONTATOS MASCULINOS DO FACEBOOK E EU SOUBE QUE HAVIA HACKEADO A MINHA WEBCAM PARA ME VIGIAR 24H E ME PEGAR COM OUTRO... ACABEI TÃO FARTA DELE QUE NÃO FIQUEI COM OUTRO. FIQUEI COM OUTRA.

**CRETINO JOKER:** *você pegou um palhaço...*

**CRETINO FAIXA DE SEGURANÇA:** *ao vê-lo, você atravessa a rua..*

Lembrete: que a tenham tratado como um cocô não significa que você seja um.

ENTÃO ME DEDIQUEI A TRANSFERIR A MINHA SABEDORIA MILENAR...

AMIGAS:

*um cara é* **COMPROMETIDO** ATÉ QUE TENHA LHE *metido...*

E MESMO QUE A MINHA HISTÓRIA FOSSE DIGNA DE PENA, EU ACHAVA QUE ERA

# A Guru
# DAS RELAÇÕES

QUANDO EU CONSIGO ESQUECÊ-LO, ELE VOLTA E DIZ QUE ESTÁ ARREPENDIDO...

É O CLÁSSICO **CRETINO BUMERANGUE**. SALVA SEU CELULAR COMO "NÃO ATD".

SEMPRE ESTÁ FAZENDO AJUDA HUMANITÁRIA, SALVANDO FOCAS OU EM MANIFESTAÇÕES CONTRA ALGUMA COISA. NÃO O VEJO NUNCA.

HUM, COMPREENDO. O **CRETINO GREENPEACE**. MUITO COMPROMETIDO COM TUDO, MENOS COM VOCÊ... É UM RELACIONAMENTO EM RISCO DE EXTINÇÃO...

ESTAVA OBCECADO PELOS PORNÔS. PREFERIA VER A FAZER...

AHÃ... O **CRETINO PORNOTUBE**: DE TANTO BAIXAR VÍDEOS, ARQUIVOU A RELAÇÃO...

E DAVA SERMÃO PARA TODO MUNDO, FOSSE QUEM FOSSE...

O SEU PAI NÃO ME DÁ FLORES NEM ME ELOGIA... BEM, TALVEZ QUANDO NÃO ESTIVER TÃO PRESSIONADO NO TRABALHO...

POR QUANTOS ANOS MAIS VOCÊ VAI FICAR ASSIM? AINDA SONHA QUE ALGUM DIA ELE VAI LHE DAR FLORES? POIS SIGA SONHANDO, MAMÃE!

# Troquei o *Romantismo* pelo cinismo.

**PRECISA DAR TANTAS PARADINHAS PARA OLHAR AS FLORES? ESTOU TENDO ALERGIA SÓ DE VER...**

**O QUE VOCÊ TEM É ALERGIA AO AMOR...**

E SE ELA TIVESSE RAZÃO E MEU CORPO TIVESSE DESENVOLVIDO ALERGIA AO AMOR? O QUE ESTAVA CLARO É QUE A ÚLTIMA COISA QUE EU QUERIA ERA ME APAIXONAR.

EU ME SENTIA MAIS FEMINISTA DO QUE NUNCA E PENSEI QUE, SIM, SE QUERIA LUTAR PELA IGUALDADE, TERIA QUE TRATÁ-LOS COMO ELES TINHAM ME TRATADO. AGORA SERIA EU QUEM OS USARIA E JOGARIA FORA COMO UM KLEENEX.

(mas com diplomacia)

- VOCÊ É MUITO SIMPÁTICO, MAS O VEJO COMO UM AMIGO (não me serve)
- A GENTE SE DIVERTIU, MAS AGORA NÃO QUERO NADA SÉRIO... (você me aborrece)
- QUERO DEIXAR CLARO QUE NÃO É CULPA SUA (é de outro, que conheci no fíndi...)
- NÃO NOS CONHECEMOS NUMA BOA HORA (talvez em outra vida...)
- É QUE AGORA PRECISO PENSAR EM MIM (prefiro estar sozinha do que com você)
- ACHO QUE ESTAMOS INDO RÁPIDO DEMAIS (você é precoce)

CONVIDARIA VOCÊ PARA FICAR PARA DORMIR, MAS AMANHÃ EU TRABALHO... NÃO DESCANSO BEM SE NÃO DORMIR SOZINHA... VOCÊ ENTENDE, NÉ?

SIM, SIM... JÁ ESTAVA INDO...

APESAR DE TUDO, ESTAVA NO MEU MELHOR MOMENTO. PERCEBI QUE ESTAVA MUITO BEM SOZINHA E ME SENTIA A

# SOLTEIRA DE OURO

DE TODA FESTA QUE IA...

ESTA NOITE PROMETE...

DEPOIS DE VÁRIAS TROCAS DE OLHARES E DE ME ASSEGURAR DE QUE ELE ESTAVA SOLTEIRO PERGUNTANDO PARA A ORGANIZADORA DA FESTA, DECIDI ME APRESENTAR. POR QUE ESPERAR QUE ELE TOMASSE A INICIATIVA?

MAS, DESTA VEZ, EMBORA EU TIVESSE TENTADO DE TUDO...

- escutar o seu papo sobre música indie...
- rir exageradamente das suas piadas
- tocar no cabelo...
- atirar o corpo

NÃO HOUVE JEITO

BEM, ME CONTE ALGO DE VOCÊ!

??

*Teria topado com um garoto travado?*

## Nº 9 CRETINO ASPERGER

um garoto e uma garota podem ser amigos.

VOCÊ O VÊ PELA PRIMEIRA VEZ E IMEDIATAMENTE PENSA: "GOSTO DELE, TEM ALGO A MAIS". E REZA PARA QUE ESSE ALGO NÃO SEJA UMA NAMORADA ESPETACULAR. DEPOIS DE CONVERSAR UM POUCO, SURGEM AS DÚVIDAS: O QUE ELE TEM? NÃO PERCEBE QUE ESTOU ME INSINUANDO? É GAY? É UM MONGE QUE PROMETEU CASTIDADE? O OBJETIVO DE CONSEGUIR FICAR COM ELE A MANTÉM ALERTA. MAS VOCÊ INTUI QUE SE ELE PASSA ESSA SENSAÇÃO É PORQUE NÃO QUER ROLO... O QUE ELE QUER?

NO FINAL, ME RENDI E PASSAMOS TODA A NOITE *conversando*

MEU DIRETOR FAVORITO? SEMPRE GOSTEI MUITO DO WOODY ALLEN...

SÉRIO?! EU TAMBÉM! ADORO ANNIE HALL...

POR FAVOR... POSSO DIZER ALGO MAIS MAINSTREAM?

NÃO ME LEMBRO DE NENHUM OUTRO... COMO É O TÍTULO DO NOVO FILME?

ATÉ QUE DE REPENTE SE DESPEDIU SEM ME DAR UM TRISTE *Beijo*

BOM... PRECISO IR... MAS ADOREI CONHECER VOCÊ. ESPERO VOLTAR A VÊ-LA, HEIN, CRETINA?

CRETINA?

MESMO QUE NÃO CRIASSE ILUSÕES...

QUE TAL O SEU AQUERA? PARECIA LEGAL, NÃO?

FICAMOS DE NOS VER QUALQUER DIA DESSES. MAS A VERDADE É QUE NÃO ESTOU NEM AÍ SE ELE VAI ME TELEFONAR OU NÃO...

## Nº 10 CRETINA RESSENTIDA

chac chac

não há nada melhor do que estar só.

DEVIDO À SUA HISTÓRIA DE FRACASSOS, ÀS VEZES AGE COMO UMA CÍNICA RESSENTIDA. ESTÁ SOLTEIRA HÁ TANTO TEMPO QUE SE CONVENCEU DE QUE FOI UMA ESCOLHA SUA. QUANDO CONHECE ALGUÉM, TRATA DE REJEITÁ-LO ANTES QUE ELE O FAÇA. CRÍTICA A ATITUDE DOS CARINHAS, MAS SE COMPORTA COMO ELES. CONHECEU TODOS OS TIPOS DE CRETINOS E TREINOU PARA DETECTÁ-LOS E PODÁ-LOS SEM CONSIDERAÇÃO.

NO DIA SEGUINTE ELE ME ESCREVEU PARA NOS ENCONTRARMOS. E COMO ME DESCONCERTAVA A FORMA QUE ELE ME TRATAVA,

*disse que sim na hora*

VAI PASSAR PARA ME BUSCAR EM CASA? AINDA SE FAZ ISSO? ESSE CARA É MUITO ESTRANHO...

PORQUE POR MAIS CRETINOS QUE TENHA CONHECIDO, EXISTE A POSSIBILIDADE DE QUE NEM TODOS SEJAM...

"SÃO PARA MIM?"

"PARA QUEM MAIS SERIAM?"

...E QUE A GENTE AINDA GOSTE QUE NOS DEEM FLORES.

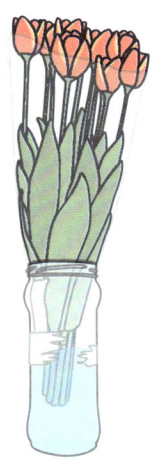

E eu não tinha nenhum vaso...

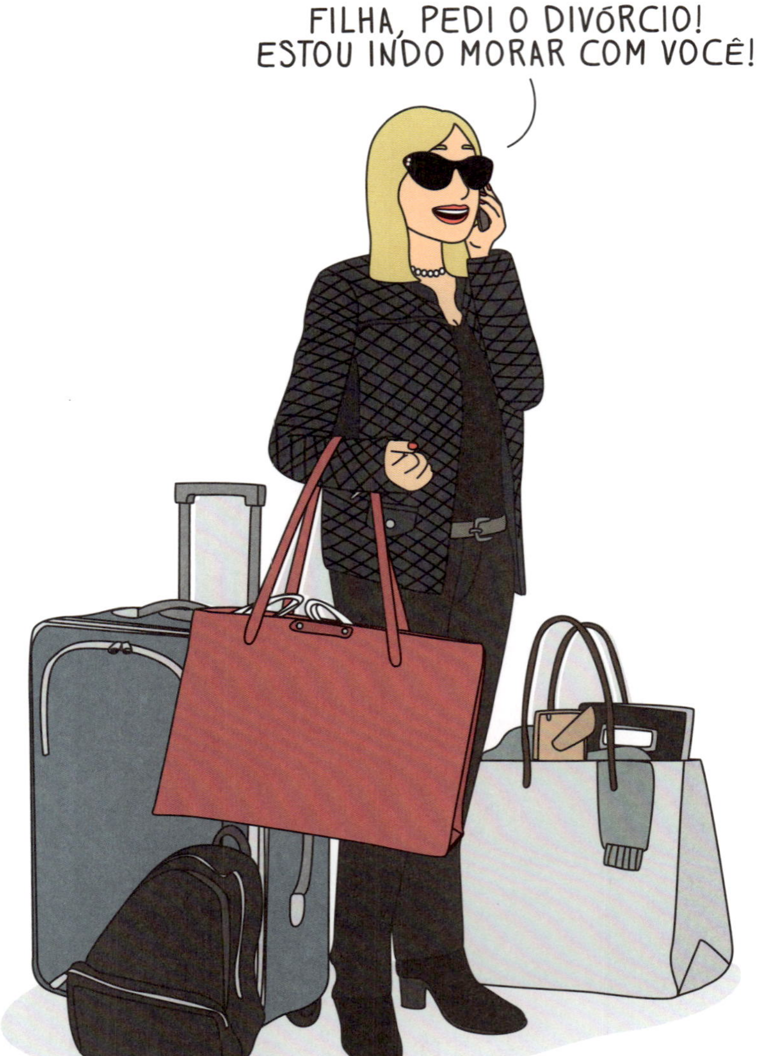
FILHA, PEDI O DIVÓRCIO!
ESTOU INDO MORAR COM VOCÊ!

COMO VOU ARRANJÁ-LA...

Dedico este livro à minha mãe, por ser corajosa e me obrigar a ser também. Por ter quebrado a cabeça para me ajudar a que cada uma destas 160 páginas faça sentido. E por me incentivar a escrever sobre pessoas tão interessantes que conhecia na cidade grande sem perceber que ela era a mais inspiradora.

Agradeço à minha representante Esther Fernández por tudo o que tem me ajudado sem saber se algum dia irá ganhar algo com isso. E, mesmo que me diga que faz isso porque é uma workaholic, quando vejo o seu nome no celular, nunca sinto que seja um telefonema de trabalho, mas de uma amiga.

Finalmente, gostaria de agradecer ao carinha que fez com que o final desta história ocorresse de verdade. Para Carlos, que, mesmo insistindo para eu não lhe fazer uma dedicatória fofa, é o amor da minha vida.

IMPRESSÃO:

**Pallotti**

Santa Maria - RS - Fone/Fax: (55) 3220.4500
**www.pallotti.com.br**